Notez bien!

Katherine M. Kulick
College of William and Mary

Frederick L. Toner
Texas Christian University

Heinle & Heinle Publishers
Boston, Massachusetts 02116 U.S.A.

Publisher: Stanley J. Galek
Editor: Petra Hausberger
Project Coordinator: Cynthia Hall Westhof
Project Editor: Kristin Swanson
Production Supervisor: Elizabeth Holthaus
Manufacturing Coordinator: Lisa McLaughlin
Text Design: Nancy Lindgren, Lindgren Design Associates
Cover Design: Nancy Lindgren, Lindgren Design Associates
Illustrator: Walter Fournier
Handwriting: Sue Spitzer

TEXT/REALIA PERMISSIONS

AEG France, p. 131; Agence Cedri, p. 11; *Art et Décoration*, p. 126; Simone de Beauvoir, *Mémoires d'une jeune fille rangée,* © Editions Gallimard, pp. 142-143; Comité Malville de Lyon, pp. 208-209; *Art et Décoration*, p. 127; Editions Case à Rhum, Photo: Anne Nourault, pp. 19-20; Editions du Boréal au Canada, pp. 48-49; Editions Magnard, p. 57; Editions QUO VADIS, p. 5; Ediz. SACAT, p. 118; *L'Express*, pp. 194-195; *Francoscopie* 1991, pp. 169, 173, 175-176; French American Institute for International Studies, pp. 242-245, 246; "La Géographie de la France," Coll. Repères Pratiques Nathan © Nathan Technique, 1988, pp. 117-118; Le Grand Livre du Mois, *La Revue*, p. 8; HarperCollins Robert French Dictionaries, © 1978, 1987, William Collins Sons & Co. and Dictionnaires Le Robert, pp. 12-14; *L'Humanité*, p. 222; INSEE, pp. 162-163, 165; Ipsos-*Le Point*, p. 166; *Journal Français d'Amérique*, pp. 10, 161, 169, 172, 174; Librairie Larousse, *500 Lettres de tous les jours*, Dominique Sands, p. 29; Ministère des Relations Internationales, Gouvernement du Québec, pp. 55, 58-62; *Le Point*, pp. 165-166; *Seniorscopie*, p. 179; World Development Forum, Matt Weurker, p. 205

TAPE PERMISSIONS

Chapter 2: Editions du Boréal au Canada, both segments; Chapter 7: *Journal Français d'Amérique*; Chapter 8: *L'Humanité*; Chapter 10: Editions Fernand Nathan

PHOTO PERMISSIONS

Photos on pages 39, 153, and 154 are courtesy of the Bettmann Archive.

Heinle & Heinle Publishers is a division of Wadsworth, Inc.

Manufactured in the United States of America.

ISBN: 0-8384-2436-8

10 9 8 7 6 5 4 3 2 1

Table des Matières

Introduction

Notez bien! is a unique, student-centered textbook that focuses on the progressive development of functional writing skills through contextualized assignments that recognize the real-world relationship between writing and the other language modalities.

Notez bien! is intended for use at the intermediate level—second or third year at the college level and fourth or fifth year at the secondary school level. *Notez bien!* may serve as the sole textbook for a course focusing on the development of writing skills, or it may be used in conjunction with a grammar reference text for courses incorporating an emphasis on writing with a grammar review. Its integration of reading, listening, and speaking activities as the basis for writing assignments also makes *Notez bien!* appropriate for intermediate-level multiple skills courses.

A student cassette accompanies each copy of *Notez bien!* It provides listening comprehension activities that serve as the basis for a variety of writing tasks.

Notez bien! is also accompanied by an Instructor's Guide which includes a chapter-by-chapter review that provides strategies and techniques for classroom presentation and alternative and follow-up activities. It also offers suggestions for instructors who may wish to incorporate more pair and group work. Finally, a complete tapescript for the listening activities on the student tape is included.

Chapter Format

Notez bien! consists of ten chapters, each structured around an authentic writing task and a theme selected for its relevance to student life. Authentic writing tasks range from drafting personal correspondence to taking notes, summarizing materials, describing places, presenting facts, formulating opinions, and writing stories. Substantive themes include French-Canadian culture, job-hunting, study-abroad options, environmental concerns, and more. Although writing tasks become progressively more challenging throughout the book, each chapter is sufficiently self-contained to allow the instructor maximum flexibility in course planning.

The primary goal of the text is to clearly, consistently, and naturally integrate writing skills with the other language modalities—listening, reading, and speaking. It is important to recognize that we write for many reasons and in response to many different stimuli. Separating the teaching of writing from the other language skills is not only artificial but also counterproductive to providing authentic contexts for writing assignments. This premise is reflected in the book's internal organization. Each chapter is subdivided into four distinct but interlocking parts: **A la lecture, A l'écoute, A l'enquête** (or **A l'entretien**), and **A la tâche**. For courses that use *Notez bien!* as the sole text book, each section represents one class period, including homework assignments as well as in-class activities. For courses in which *Notez bien!* is used as a companion textbook, certain sections may be done outside of class. Individual chapter notes in the Instructor's Guide provide more detailed recommendations.

A la lecture

The first section of each chapter, **A la lecture**, begins with prereading activities (**Avant de lire**) that introduce the chapter theme. One or more authentic reading texts are then presented, followed by postreading activities. All writing tasks in this section are related to the authentic reading texts. The term "text" is used here in its broadest sense, encompassing applications and forms, short messages, invitations, correspondence, outlines and lecture notes, surveys and graphs, newspaper articles, and literary selections. Following a series of postreading activities, **Vocabulaire utile** charts provide important context-related vocabulary terms and **Expressions utiles** reference sections provide common written expressions necessary in order to accomplish specific functional tasks.

The **Chez vous** feature at the end of each section serves either to reinforce the concepts presented in that section or to prepare students for the following day's activities. These assignments build on each other: each of the first three **Chez vous** assignments, along with the in-class activities, progressively develops specific skills that students will need for the final, longer written assignment in **Chez vous 4**. While each assignment is designed to contribute to the progressive development of the writing skills and is therefore an integral part of the chapter, individual instructors may choose to collect and evaluate every **Chez vous** assignment, occasional assignments, or only the final assignment for each chapter.

A l'écoute

The second section of each chapter explores the link between listening and writing. When do we write in response to a listening task? How does this writing differ from writing in response to the other language modalities? The **A l'écoute** section begins with one or more prelistening activities designed to orient students to the listening passage. These activities serve as advance organizers, encouraging students to anticipate and predict what they might encounter in the listening passage. A wide variety of listening texts are included, from phone messages, lectures, job interviews, and news reports to student comments on travel-abroad programs, rap music, oral story-telling, and group discussions on environmental issues. Most of the recordings are unscripted, with all the natural pauses, hesitations, and interruptions of everyday speech. The recordings are provided on a cassette with each textbook. This gives students the option of listening to the recordings outside of class at their own pace. It also enables the instructor to reserve class time for follow-up activities. The listening passage is followed by one or more postlistening activities.

A l'entretien / A l'enquête

The third part of each chapter focuses on student-to-student interactive activities. Emphasis is on communicative interaction; writing in this context represents either the pre- or postspeaking activity. Activities in this section often take the form of an interview (**A l'entretien**) or a survey (**A l'enquête**) on issues related to the chapter theme. Follow-up writing assignments are based on the information, views, and opinions gathered in these oral interactions.

A la tâche

The last section of each chapter, **A la tâche**, specifically prepares students for a longer assignment that represents a culminating writing task for the chapter. As previously noted, each chapter is structured around both a specific writing task and a content theme. Within each chapter, short writing activities lead up to the final writing assignment. While the shorter writing assignments provide valuable practice alone, they also serve as preparatory activities for the final writing assignment.

Système D

For those institutions and/or students with access to IBM PC-XT, PC-AT or PS2 computers (or compatibles), *Système D* (J. Noblitt, D. Sola, W. Pet), a word-processing program for French—with a grammar reference, vocabulary listings, French/English and English/French dictionaries, and a functional phrases index—is available from Heinle & Heinle Publishers. In addition to providing students with on-line references to assist in the creativity and accuracy of their writing, *Système D* also offers instructors the use of a unique tracking feature that tallies student efforts to access the various indexes. Such a log offers valuable insight for instructors into the processes students use as they compose in a foreign language.

The *Système D* indices provide especially strong support for the writing assignments in *Notez bien!*—in particular, those in the *Chez vous* sections of each chapter.

Acknowledgments

We would like to gratefully acknowledge the helpful comments offered by the following reviewers who read the manuscript at various points in the development process: Anita Axt, San Francisco State University; James Davis, The Pennsylvania State University; Betty Hirsch, Cabrillo College; Virginia Scott, Vanderbilt University; and Janet Solberg, Kalamazoo College.

In addition, we would like to express our deep appreciation to the entire Heinle and Heinle team for their invaluable support: Charles H. Heinle (president) for his unlimited vision and spirit of adventure, Stanley J. Galek (vice-president and publisher) for his insight and strong encouragement from the very beginning of the project, and Petra Hausburger (editor) for her enthusiasm and belief in the project.

We would also like to thank Cynthia Westhof, our project manager, for her enthusiastic and creative approach to the project; Amy Jamison, for her dedication and patience; Florence Boisse-Kilgo, our native reader; and Sophie Masliah, who coordinated the recording of our lab program. Thanks also to our proofreaders and to all of the speakers who participated in the recording program.

Katherine would like to recognize and offer special thanks to Beverly and George, for their unwavering support and enthusiastic encouragement throughout the project.

Fred would like to express his appreciation to Raye and Bill, whose confidence and love sustained and supported him as *Notez bien!* became a reality. He dedicates this book to them.

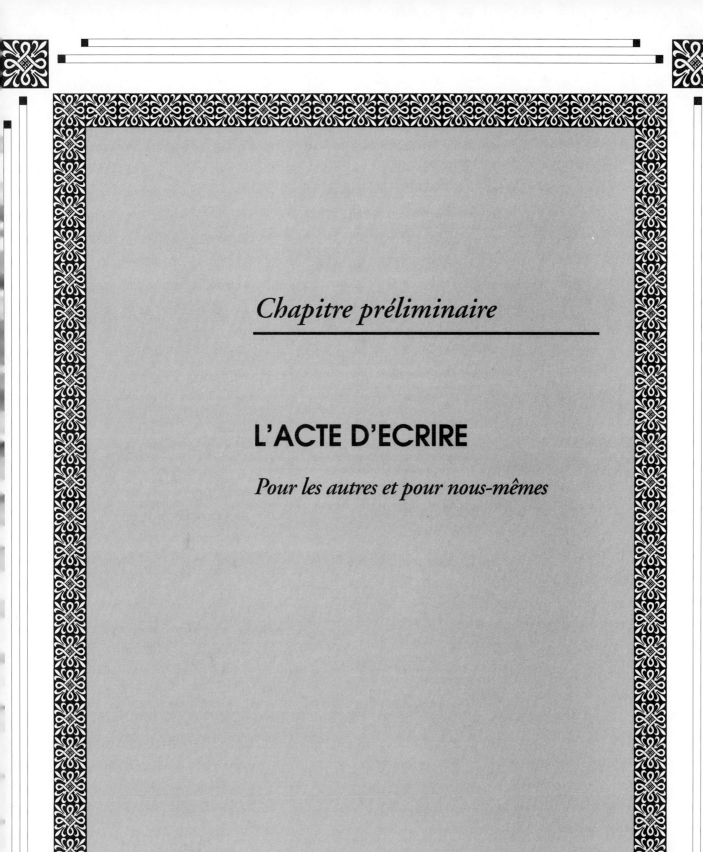

Chapitre préliminaire

L'ACTE D'ECRIRE

Pour les autres et pour nous-mêmes

Writing is an integral part of our daily lives. We write for so many different reasons and in such a wide variety of circumstances that we sometimes are not aware of how much we rely on writing. The reasons we choose to write are varied, ranging from **practical**—completing a homework assignment or reminding ourselves to stop at the dry cleaners—to **social**—writing a letter or sending a party invitation to a friend—to **artistic**—writing for self expression in poems, essays, and short stories.

We expect to edit and revise some kinds of writing—for example, a résumé, a scholarship application, a term paper—in order to make it the best it can be. There are other writing tasks, however, that we would not think of rewriting in order to improve our style, such as a list of homework assignments, a reminder to buy milk at the store, or a postcard to a friend.

In this book, we examine and explore writing in a wide variety of contexts. Activities range from short, practical writing tasks to longer compositions that you will revise and edit. Each writing task will contribute in a specific way to the overall development of your writing skills in French.

A LA LECTURE

Avant de lire

 Activité 1

In English, list the different kinds of writing tasks that you have performed in the last two weeks.

1. made a grocery list _____

2. wrote phone messages for roommate _____

3. _____

4. _____

5. _____

6. _____

7. _____

8. _____

9. _____

10. _____

 Activité 2

In groups of three or four, compare your lists and consolidate them. Be prepared to present the group list to the entire class. Which group prepared the longest list?

> **Lisez attentivement!**

Activité 3

Lisez les quatre textes suivants et complétez les exercices.

Texte A

> Désolée de ne pas être de retour avant ton arrivée, mais j'avais tellement de travail à faire à la bibliothèque que je n'ai même pas remarqué l'heure tardive. Je me suis dépêchée pour aller à la charcuterie -- les salades et le poulet sont dans le frigo -- mais une fois à la maison, je me suis rendu compte que j'avais laissé mon sac à dos (avec tous mes livres) à la charcuterie.
>
> Je pars maintenant à 6h15; il me faut 20 minutes pour faire l'aller-retour. Si tu arrives avant mon retour, fais réchauffer le poulet au four. Je reviens tout de suite.

1. Indiquez la forme du texte présenté (un message de carte postale, un poème, etc.).

_____

2. Pour bien écrire, il faut toujours être conscient de ses lecteurs. A qui le texte A est-il destiné? Qu'est-ce que vous savez du rapport entre l'auteur et le (la) lecteur (lectrice)? Comment le savez-vous? Donnez trois exemples qui soutiennent votre opinion.

   a. _____

   b. _____

   c. _____

3. Un écrivain se révèle par son écriture. Il peut être évident ou difficile de reconnaître l'écrivain dans ses écrits. Concentrez votre attention sur l'auteur de ce texte. Qu'est-ce que vous pouvez dire au sujet de cet auteur? de sa personnalité? de ses habitudes? Notez au moins trois observations.

   a. _____

   b. _____

   c. _____

Texte B

(Le Texte B se trouve à la page 5.)

1. Indiquez la forme du texte présenté.

   _____

2. Pour bien écrire, il faut toujours être conscient de ses lecteurs. A qui le texte B est-il destiné? Qu'est-ce que vous savez du rapport entre l'auteur et le (la) lecteur (lectrice)? Comment le savez-vous? Donnez trois exemples qui soutiennent votre opinion.

   a. _____

   b. _____

   c. _____

3. Un écrivain se révèle par son écriture. Il peut être évident ou difficile de reconnaître l'écrivain dans ses écrits. Concentrez votre attention sur l'auteur de ce texte. Qu'est-ce que vous pouvez dire au sujet de cet auteur? de sa personnalité? de ses habitudes? Notez au moins trois observations.

a. _____

b. _____

c. _____

VENDREDI SEPTEMBRE	SAMEDI SEPTEMBRE	Dominante Semaine

		Téléphoner
	8	Céline 839.63.15
	–30–	Thomas 854.65.61 (billets de
	9	concert)
	–30–	
10h. Bibliothèque	10	
Suzanne et Monique	–30–	
	11	**Ecrire**
	–30–	réponse à l'invitation à dîner
	12 midi - déjeuner	pour l'anniversaire de Nicole.
	–30– avec Céline	
13h. déjeuner avec	13	
Maurice.	–30–	
	14 14L. randonnée	**Voir**
	–30– à pied (Guy,	
	15 Chantal, Edouard)	
15h30 Cours de	–30–	
Chimie	16	
	–30–	
	17	**Faire**
	–30–	devoirs de psychologie
	18	acheter un cadeau pour Nicole
	–30–	faire réparer la moto.
	19	
	–30–	
	20	
21h Café des	–30–	**Encaisser** | **Payer**
Négociants		

Texte C

Votre numéro sur les problèmes de l'enseignement est excellent. Comme bien souvent, même si l'on se sent par tempérament "de gauche" (on ne peut rien contre cela), c'est dans <u>Le Point</u> qu'on va chercher une information plus sûre et des sujets de réflexion plus sérieux.

On sait bien qu'il y a deux raisons derrière l'objectif chimérique[1] et démagogique[2] visant à produire 80% de bacheliers. Pour obtenir le nombre d'ingénieurs nécessaire à une société moderne, il faut mettre toute une population à l'étude, pour y écrémer[3] le nombre d'ingénieurs nécessaire... et transformer la majorité des autres en déçus et frustrés. La seconde raison est que nos magistrats sont aussi crédules[4] que le commun des mortels: si on leur raconte qu'au Japon les ouvriers à la chaîne sont des bacheliers, ils le croiront, y verront une panacée[5] et voudront faire aussi bien.

En réalité, la solution indispensable est de supprimer[6] le baccalauréat (tout en laissant l'enseignement obligatoire jusqu'à 14 ans, et gratuit jusqu'à 20 ans). Et d'instituer des examens d'entrée dans les universités—afin de faire rentrer les universités dans le rang, en tant qu'écoles professionnelles (de médecins, de professeurs de lettres et de sciences, de juristes) et de rehausser la position des IUT[7], des arts et métiers, etc.

1. fanciful, 2. popularity-seeking, demagogic, 3. to skim the best off,
4. credulous, 5. a panacea, a solution, 6. to eliminate, 7. Institut Universitaire de Technologie

1. Indiquez la forme du texte présenté.

2. Pour bien écrire, il faut toujours être conscient de ses lecteurs. A qui le texte C est-il destiné? Qu'est-ce que vous savez du rapport entre l'auteur et le (la) lecteur (lectrice)? Comment le savez-vous? Donnez trois exemples qui soutiennent votre opinion.

a. _____

b. _____

c. _____

3. Un écrivain se révèle par son écriture. Il peut être évident ou difficile de reconnaître l'écrivain dans ses écrits. Concentrez votre attention sur l'auteur de ce texte. Qu'est-ce que vous pouvez dire au sujet de cet auteur? de sa personnalité? de ses habitudes? Notez au moins trois observations.

a. _____

b. _____

c. _____

Texte D

(Le Texte D se trouve à la page 8.)

1. Indiquez la forme du texte présenté.

_____

2. Pour bien écrire, il faut toujours être conscient de ses lecteurs. A qui le texte D est-il destiné? Qu'est-ce que vous savez du rapport entre l'auteur et le (la) lecteur (lectrice)? Comment le savez-vous? Donnez trois exemples qui soutiennent votre opinion.

a. _____

b. _____

c. _____

3. Un écrivain se révèle par son écriture. Il peut être évident ou difficile de reconnaître l'écrivain dans ses écrits. Concentrez votre attention sur l'auteur de ce texte. Qu'est-ce que vous pouvez dire au sujet de cet auteur? de sa personnalité? de ses habitudes? Notez au moins trois observations.

a. _____

b. _____

c. _____

Merveilles de la peinture

L'ouverture du musée d'Orsay a marqué un grand moment dans l'histoire des musées français. Les collections nationales - du milieu du XIXe siècle aux premières années du XXe siècle - jusqu'ici dispersées entre le Louvre, le Jeu de Paume, le Palais de Tokyo et, pour quelques oeuvres, divers autres musées ou administrations, sont désormais regroupées dans ce merveilleux bâtiment spécialement aménagé de l'ancienne gare d'Orsay.

Cet ensemble permet un parcours unique au monde d'une période foisonnante et souvent contradictoire de l'histoire de l'art. D'Ingres, Delacroix ou Corot dans leurs dernières années aux débuts de Matisse ou des Fauves, le musée montre dans sa diversité l'art officiel - de l'éclectisme au naturalisme ou au symbolisme - à côté des recherches novatrices des impressionnistes, des post-impressionnistes ou des Nabis. Les collections ne se limitent pas à l'art français et Whistler voisine avec Manet, comme Klimt et Munch avec Bonnard.

Dans ce livre, Michel Laclotte - inspecteur général des musées chargé des Collections du musée d'Orsay depuis 1978 et, à ce titre, responsable du programme et de la présentation - retrace , en introduction, l'histoire des collections et explique le choix chronologique adopté. Les auteurs - conservateurs du musée - analysent la création picturale de cette période dans toute sa variété. L'iconographie, très soignée, abondante et toute en couleurs, complète leurs textes. Un livre, en outre, vraiment intéressant pour son prix !

**Plus de 240 tableaux
reproduits en couleurs !**

Prix exceptionnel !

Michel Laclotte
Geneviève Lacambre
Anne Distel -Claire Frèches-Thory
La Peinture à Orsay
Reliure pelliculée en couleurs
Format : 20,5 x 28 cm ; 160 pages
abondamment illustrées en couleurs

N° **19018** - Prix : 160 FF
29,10 US $/8 000 CFA/2 910 CFP
3 560 PTS/53,35 DM/18,85 £/40,00 $ CAN

Avant d'écrire

Activité 4

L'écriture n'est pas forcément une activité solitaire. Nous écrivons pour diverses raisons, pour répondre aux événements qui se développent autour de nous. L'acte d'écrire est souvent lié à la lecture, à l'écoute ou à la conversation. Réfléchissez et répondez aux questions suivantes.

1. Dans quelles circonstances est-ce que l'écriture est liée à la lecture?

   a. quand on lit une recette à partir de laquelle on prépare une liste

      d'ingrédients à acheter au supermarché

   b. _____

      _____

   c. _____

      _____

   d. _____

      _____

2. A quels moments est-ce que nous avons tendance à écrire en réponse à l'écoute? Donnez des exemples.

   a. quand une personne nous donne les bonnes directions pour trouver

      son nouvel appartement

   b. _____

      _____

c. _____

_____

d. _____

_____

3. L'écriture ne représente parfois qu'une fondation pour le discours oral. Dans quelles circonstances est-ce que l'écriture est liée à la langue parlée?

a. <u>quand on veut faire une enquête par sondage, il faut d'abord préparer</u>

<u>une liste de questions</u>

b. _____

_____

c. _____

_____

d. _____

_____

𝒜ctivité 5

Lisez le texte suivant.

Beaubourg, c'est fini?

S'il est un musée qui a cristallisé et qui restera encore longtemps le centre des **polémiques** du petit monde parisien, c'est bien Beaubourg. Celui que les Parisiens ont surnommé la Raffinerie ou Notre-Dame-des-Tuyaux[1], oppose **toujours** partisans et détracteurs du lieu, ces derniers ne désarment apparemment pas puisque, si l'on en croit les sondages, Beaubourg arrive au premier rang des monuments qui pourraient disparaître sans provoquer **le moindre** regret dans la capitale.

Pourtant, Beaubourg, avec 8 millions d'entrées par an, est **actuellement** le musée le plus visité de France. Mais justement, le musée est victime de son succès. Pourquoi? Parce que la foule qui s'y presse attire avec elle une «faune» jugée indésirable par certains riverains[2] et parce que cette «culture de masse» n'est plus du goût du temps. Enfin, parce que Beaubourg ne peut plus faire face à un tel afflux, qui se traduit avant tout par d'interminables files d'attente[3] et une accélération des dégradations du bâtiment qui n'a, faut-il le rappeler, que 14 ans d'existence.

L'ouverture du musée d'Orsay et celle du nouveau Louvre **concurrencent**[4] durement le centre Pompidou. En plus, faute de budgets conséquents, ou tout simplement faute d'imagination, le musée n'offre plus les prestigieuses expositions d'antan[5]. Il est vrai que là aussi, les chiffres records marquent une pause.

Toujours est-il que l'on envisage très sérieusement d'exiger un droit d'entrée[6] pour l'ensemble du centre Pompidou. Décidément, tout se perd!

Journal Français d'Amérique
31 mai–13 juin 1991

---

1. pipes, 2. neighborhood residents, 3. interminable waiting lines, 4. compete with, 5. yesteryear, 6. entrance fee

Répondez aux questions suivantes en employant les extraits du dictionnaire *Le Robert & Collins* aux pages 12–14.

1. Choisissez un synonyme pour le mot *polémique.* Justifiez votre choix.

_____

_____

2. On trouve le mot *toujours* deux fois dans ce texte, dans le premier paragraphe aussi bien que dans le dernier. Y a-t-il une différence de sens? Comment le savez-vous?

_____

_____

3. Quelle est la différence entre *moins* et *le moindre*?

_____

_____

4. Que veut dire le mot *actuellement?* Trouvez un synonyme convenable.

   a. *actuellement* veut dire: _____

   b. synonyme: _____

5. Expliquez la distinction entre *concurrence* et *compétition*.

_____

_____

6. A part fournir les définitions des mots, à quoi sert un dictionnaire?

_____

_____

_____

polémique [pɔlemik] **1** *adj* controversial, polemic(al) **2** *nf* controversy, argument, polemic **engager une ~ avec qn** to enter into an argument with sb; **chercher à faire de la ~** to try to be controversial (*debat*) **une grande ~ s'est engagée sur…** a great debate has been started about *ou* on… .

controversy [kənˈtrɒvəsɪ] *n* controverse *f*, polémique *f*. (*Jur, Fin*) différand *m*. **there was a lot of ~ about it** ça a provoqué *or* soulevé beaucoup de controverses, ça a été très contesté *or* discuté; **to cause ~** provoquer *or* soulever une controverse; **they were having a great ~** ils étaient au milieu d'une grande polémique.

argument [ˈɑːgjʊmənt] *n* **(a)** (*debate*) discussion *f*, controverse *f*, débat *m*. **it is beyond ~** c'est indiscutable; **you've only heard one side of the ~** tu n'as entendu qu'une seule version de l'affaire *or* de l'histoire; **for ~'s sake** à titre d'exemple; **he is open to ~** il est prêt à écouter les arguments; **it is open to ~ that** on peut soutenir que.
   (b) (*dispute*) dispute *f*, discussion *f*. **to have an ~** se disputer (*with sb* avec qn); (*hum*) **he has had an ~ with a tree** il s'est bagarré* avec un arbre (*hum*).
   (c) (*reasons advanced*) argument *m*. **his ~ is that** … il soutient que …,**there is a strong ~ in favour of** *or* **for doing** il y a de bonnes raisons pour faire; **son argument est que…**; **there is a strong ~ in favour of his resignation** il y a de bonnes raisons pour qu'il démissionne (*subj*); **the ~ that the EEC needs Britain** le raisonnement selon lequel la CEE a besoin de la Grande Bretagne; **V line**[1].
   (d) (*synopsis*) sommaire *m*, argument *m*.

toujours [tuʒuʀ] *adv* **(a)** *(continuité)* always; *(répétition: souvent péj)* forever, always, all the time. **je l'avais ~ cru célibataire** I (had) always thought he was a bachelor; **je t'aimerai ~** I shall always love you, I shall love you forever; **je déteste et détesterai ~ l'avion** I hate flying and always shall; **la vie se déroule ~ pareille** life goes on the same as ever *ou* forever the same; **il est ~ à *ou* en train de critiquer** he is always *ou* forever criticizing, he keeps on criticizing; **une rue ~ encombrée** a street (that is) always *ou* forever *ou* constantly jammed with traffic; **les saisons ~ pareilles** the never-changing seasons; **il n'est pas ~ trés ponctuel** he's not always very punctual; **il est ~ à l'heure** he's always *ou* invariably on time; **il fut ~ modeste** he was ever *(littér)* modest; **les journaux sont ~ plus pessimistes** the newspapers are more and more pessimistic; **comme ~** as ever, as always; **ce sont des amis de ~** they are lifelong friends; **il est parti pour ~** he's gone forever *ou* for good; V **depuis**.

(b) *(prolongement de l'action = encore)* still. **bien qu'à la retraite il travaillait ~** although he had retired he was still working *ou* he had kept on working; **j'espère ~ qu'elle viendra** I keep hoping she'll come; **ils n'ont ~ pas répondu** they still haven't replied; **est-ce que X est rentré? — non il est ~ à Paris/non ~ pas** is X back? — no he is still in Paris/no not yet *ou* no he's still not back; **il est ~ le même/~ aussi désagréable** he is (still) the same as ever/(still) as unpleasant as ever.

(c) *(intensif)* anyway, anyhow. **écrivez ~, il vous répondra peut-être** write anyway *ou* anyhow *ou* you may as well write — he (just) might answer you; **il vient ~ un moment où** there must *ou* will (always *ou* inevitably) come a time when; **buvez ~ un verre avant de partir** have a drink at least *ou* anyway *ou* anyhow before you go; **c'est ~ pas toi qui l'auras*** at all events *ou* at any rate it won't be you that gets it*; **où est-elle? — pas chez moi ~!** where is she? — not at my place anyway! *ou* at any rate!; **je trouverai ~ (bien) une excuse** I can always think up an excuse; **passez à la gare, vous aurez ~ bien un train** go (along) to the station — you're sure *ou* bound to get a train *ou* there's bound to be a train; **tu peux ~ courir!*** you haven't a hope! *ou* a chance! you've got some hope! *(iro)*; **il aime donner des conseils mais ~ avec tact** he likes to give advice but he always does it tactfully; **vous pouvez ~ crier, il n'y a personne** shout as much as you like *ou* shout by all means — there's no one about; **~ est-il que** the fact remains that, that does not alter the fact that, be that as it may; **il était peut-être là, ~ est-il que je ne l'ai pas vu** he may well have been there, (but) the fact remains *ou* that does not alter the fact that I didn't see him; **cette politique semblait raisonnable, ~ est-il qu'elle a échoué** this policy seemed reasonable, (but) be that as it may *ou* but the fact remains it was a failure; **c'est ~ ça de pris*** that's something anyway, (well) at least that's something; **ça peut ~ servir** it'll come in handy some day, it'll always come in handy.

moindre [mwɛ̃dʀ(ə)] *adj* **(a)** *(comp)* *(moins grand)* less, lesser; *(inférieur)* lower, poorer. **les dégâts sont bien *ou* beaucoup ~s** the damage is much less; **à un ~ degré, à un degré ~** to a lesser degree *ou* extent; **à ~ prix** at a lower price; **de ~ qualité, de qualité ~** of lower *ou* poorer quality; **enfant de ~ intelligence** child of lower *ou* less intelligence; **une épidémie de ~ étendue** a less widespread epidemic; V **mal**.

(b) *(superl)* **le ~, la ~, les ~s** the least, the slightest; *(de deux)* the lesser; **le ~ bruit** the slightest noise; **la ~ chance/idée** the slightest *ou* remotest chance/idea; **jusqu'au ~ détail** down to the smallest detail; **le ~ de deux maux** the lesser of two evils; **sans se faire le ~ souci** without worrying in the slightest; **c'est la ~ de mes difficultés** that's the least of my difficulties; **c'est la ~ des choses!** it's a pleasure!; **remerciez-le de m'avoir aidé — c'était la ~ des choses** thank him for helping me — it was the least he could do; **certains spécialistes et non des ~s disent que** some specialists and important ones at that say that; **la ~ des politesses veut que …** common politeness demands that … ; **il n'a pas fait le ~ commentaire** he didn't make a single comment; **la loi du ~ effort** the line of least resistance *ou* effort, the law of least effort.

actuellement [aktɥɛlmɑ̃]*adv* at the moment, at present.
acuité [akyite] *nf [son]* shrillness; *[douleur]* acuteness, intensity; *[sens]* sharpness, acuteness; *[crise politique]* acuteness.

moins [mwɛ̃] **1** *adv emploi comparatif* **(a)** *(avec adj ou adv)* less. **~ que…** less…than, not so…as; **beaucoup/un peu ~** much/a little less; **tellement ~** so much less; **encore ~** even less; **3 fois ~** 3 times less; **il est ~ grand/intelligent que nous/que je ne pensais** he is not as *ou* so tall/intelligent as his brother/as us *ou* as we are/as I thought, he is less tall/intelligent than his brother/than us *ou* than we are/than I thought; **rien n'est ~ sûr, il n'y a rien de ~ sûr** nothing is less certain; **c'est tellement ~ cher** it's so much cheaper *ou* less expensive; **il ressemble à son père, en ~ grand** he looks like his father only he's not so tall, he looks like a smaller version of his father; **c'est le même genre de livre, en ~ bien** it's the same kind of book, only (it's) not so good *ou* but not so good.

(b) *(avec vb)* less. **exiger/donner ~** to demand/give less; **je gagne (un peu) ~ que lui** I earn (a little) less than him *ou* than he does; **cela m'acoûté ~ que rien** it cost me next to nothing; **vous ne l'obtiendrez pas à ~** you won't get it for less; **cela coûtait trois fois ~** it was one-third as expensive; **il travaille ~/~ vite que vous** he works less/less quickly than you (do), he does not work as hard/as quickly as you do; **il a fait encore ~ beau en août qu'en juillet** the weather was even worse in August than in July; **sortez ~ (souvent)** go out less often, don't go out so often *ou* so much; **j'aime ~ la campagne en hiver (qu'en été)** I don't like the country as *ou* so much in winter (as in summer), I like the country less in winter (than in summer).

(c) **~ de** *(quantité)* less, not so much; *(nombre)* fewer, not so many; *(heure)* before, not yet; *(durée, âge, distance)* less than, under; **mange ~ de bonbons et de chocolat** eat fewer sweets and less chocolate; **il y a ~ de 2 ans qu'il vit ici** he has been living here (for) less than 2 years; **les enfants de ~ de 4 ans voyagent gratuitement** children under 4 *ou* of less than 4 years of age travel free; **il est ~ de minuit** it is not yet midnight; **il était un peu ~ de 6 heures** it was a little before 6 o'clock; **vous ne pouvez pas lui donner ~ de 100 F** you can't give him less than 100 francs; **vous ne trouverez rien à ~ de 100 F** you won't find anything under 100 francs *ou* for less than 100 francs; **il a eu ~ de mal que nous à trouver une place** he had less trouble than we had *ou* than us (in) finding a seat; **ils ont ~ de livres que de jouets** they have fewer books than toys; **nous l'avons fait en ~ de 5 minutes** we did it in less than *ou* in under 5 minutes; **en ~ de deux*** in a flash *ou* a trice, in the twinkling of an eye; **il y aura ~ de monde demain** there will be fewer people tomorrow, there will not be so many people tomorrow; **il devrait y avoir ~ de 100 personnes** there should be under 100 people *ou* less than 100 people; **en ~ de rien** in less than no time.

(d) **de ~, en ~** : **il gagne 500 F de ~ qu'elle** he earns 500 francs less than she does; **vous avez 5 ans de ~ qu'elle** you are 5 years younger than her *ou* than she is; **il y a 3 verres en ~** *(qui manquent)* there are 3 glasses missing; *(trop peu)* we are 3 glasses short; **c'est le même climat, la brouillard en ~** it's the same climate except for the fog *ou* minus the fog.

(e) **~ … ~** the less…the less; **~ … plus** the less…the more; **~ je mange, ~ j'ai d'appétit** the less I eat the less hungry I feel; **~ je fume, plus je mange** the less I smoke the more I eat.

(f) *(loc)* **à ~ qu'il ne vienne** unless he comes; **à ~ de faire une bêtise il devrait gagner** unless he does something silly he should win; **à ~ d'un accident ça devrait marcher** barring accidents *ou* accidents apart it should work; **c'est de ~ en ~ bon** it's less and less good; V **autant, plus**.

2 *adv emploi superlatif* **(a)** *(avec adj ou adv)* **le ~, la ~** *(de plusieurs)* the least; *(de deux)* the less; **c'est la ~ douée de mes élèves** she's the least gifted of my pupils; **c'est le ~ doué des deux** he's the less gifted of the two; **la température la ~ haute de l'été** the lowest temperature of the summer; **ce sont les fleurs les ~ chères** they are the least expensive *ou* the cheapest flowers.

(b) *(avec vb)* **le ~** (the) least; **c'est celui que j'aime le ~** it's the one I like (the) least; **l'émission que je regarde le ~ souvent** the programme I watch (the) least often; **de nous tous c'est lui qui a bu le ~ (d'alcool)** he's the one who drank the least (alcohol) of us all, of all of us he drank the least (alcohol).

(c) *(loc)* **c'est bien le ~ que l'on puisse faire** it's the least one can do; **c'est le ~ que l'on puisse dire** that's the least one can say!; **si vous êtes le ~ du monde soucieux** if you are in the slightest bit *ou* in the least bit *ou* in the least worried; **au ~** at (the) least; **elle a payé cette robe au ~ 3.000 F** she paid at least 3,000 francs for this dress; **600 au ~** at least 600, fully 600; **la moitié au ~** at least half, fully half; **cela fait au ~ 10 jours qu'il est parti** it is at least 10 days since he left; **vous avez (tout) au ~ appris le nouvelle** you must at least have heard the news; **à tout le ~, pour le ~** to say the least, at the very least; **sa décision est pour le ~ bizarre** his decision is odd to say the least; **du ~** *(restriction)* at least; **il ne pleuvra pas, du ~ c'est ce qu'annonce la radio** it's not going to rain, at least that's what it says on the radio *ou* at least so the radio says; **si du ~** that is if; **laissez-le sortir, si du ~ il ne fait pas froid** let him go out, that is (only) if it is not cold.

3 *prép* **(a)** *(soustraction)* **6 ~ 2 font 4** 6 minus 2 equals 4, 2 from 6 makes 4; **j'ai retrouvé mon sac, ~ le portefeuille** I found my bag, minus the wallet.

(b) *(heure)* to. **il est 4 heures ~ 5 (minutes)** it is 5 (minutes) to 4; **nous avons le temps, il' n'est que ~ 10*** we have plenty of time, it's only 10 to *; *(fig)* **il s'en est tiré, mais il était ~ cinq* *ou* ~ une*** he got out of it but it was a close shave* *ou* a near thing*.

(c) *(température)* below. **il fait ~ 5º** it is 5º below freezing *ou* minus 5º.

4 *nm (Math)* **(le signe) ~** the minus sign.

5 moins que rien* *nmf (péj: minable)* dead loss*, second-rater*, washout*; *(Comm)* **moins-value** *nf* depreciation.

present [¹preznt] **1** *adj* **(a)** (*in attendance; in existence*) présent. ~ **at/in** présent à/dans; **to be ~ at sth** être présent à qch, assister à qch; **those ~** les personnes présentes, ceux qui étaient là, l'assistance *f*; **who was ~?** qui était là?; **is there a doctor ~?** y a-t-il un docteur ici? *or* dans l'assistance?; **all ~ and correct!** tous présents à l'appel!; **~ company excepted** les personnes ici présentes exceptées, à l'exception des personnes ici présentes.

(b) (*existing now*) *state, epoch, year, circumstances, techniques, residence* présent (*after n*), actuel; (*in question*) présent (*before n*), en question; (*Gram*) présent (*after n*). **her ~ husband** son mari actuel; **the ~ writer believes** l'auteur croit; **in the ~ case** dans la présente affaire, dans le cas présent *or* qui nous intéresse *or* en question; **at the ~ day** *or* **time** actuellement, à présent (*V also 2*); **at the ~ moment** actuellement, à présent; (*more precisely*) en ce moment même; **the ~ month** le mois courant, ce mois-ci.

2 *cpd*: **present-day** *adj* actuel, d'aujourd'hui, contemporain, d'à présent; (*Gram*) **present perfect** passé composé.

3 *n* **(a)** (*also Gram*) présent *m*. **up to the ~** jusqu'à présent; **for the ~** pour le moment; **at ~** actuellement, à présent, en ce moment; **as things are at ~** dans l'état actual des choses; (*loc*) **there's no time like the ~!** il ne faut jamais remettre au lendemain ce que l'on peut faire le jour même; (*Gram*) **in the ~** au présent.

(b) (*gift*) cadeau *m*. **it's for a ~** c'est pour offrir; **she gave me the book as a ~** elle m'a offert le livre; (*lit, fig*) **to make sb a ~ of sth** faire cadeau *or* don de qch à qn; *V* **birthday, Christmas** *etc*.

(c) (*Jur*) **by these ~** par les présentes.

4 [prɪ'zent] *vt* **(a)** **to ~ sb with sth, to ~ sth to sb** (*give as gift*) offrir qch à qn, faire don *or* cadeau de qch à qn; (*hand over*) *prize, medal* remettre qch à qn; **she ~ed him with a son** elle lui a donné un fils; **we were ~ed with a fait accompli** nous nous sommes trouvés devant un fait accompli; (*Mil*) **to ~ arms** présenter les armes; **~ arms!** présentez armes!

(b) *tickets, documents, credentials, one's compliments, apologies* présenter (*to* à); *plan, account, proposal, report, petition* présenter, soumettre (*to* à); *complaint* déposer; *proof, evidence* apporter, fournir; (*Parl*) *bill* introduire, présenter; (*Jur etc*) *case* exposer. **to ~ o.s. at the desk/for an interview** se présenter au bureau/à une entrevue; **to ~ a cheque (for payment)** encaisser *or* présenter un chèque; **his report ~s the matter in another light** son rapport présente la question sous un autre jour, son rapport jette une lumière différente sur la question.

(c) (*offer, provide*) *problem* présenter, poser; *difficulties, features* présenter; *opportunity* donner. **the bay ~s a magnificent sight** la baie présente un spectacle splendide; **the opportunity ~ed itself** l'occasion s'est présentée; **to ~ the appearance of sth** avoir *or* donner (toute) l'apparence de qch; **the patrol ~ed an easy target** la patrouille offrait *or* constituait une cible facile.

(d) *play, concert* donner; *film* donner, passer; (*Rad, TV*) *play, programme* donner, passer; (*act as presenter of*) présenter. **we are glad to ~ …** nous sommes heureux de vous présenter …; **'~ing Glenda Jackson as Lady Macbeth'** 'avec Glenda Jackson dans le rôle de Lady Macbeth'.

(e) (*introduce*) présenter (*sb to sb* qn à qn). **may I ~ Miss Smith?** permettez-moi de vous présenter Mademoiselle Smith; (*Brit*) **to be ~ed (at Court)** être présenté à la Cour.

moment [¹məʊmənt] *n* **(a)** moment *m*, instant *m*, **man of the ~** homme *m* du moment; **the psychological ~** le moment psychologique; **the ~ of truth** l'instant *or* la minute de vérité; **wait a ~!**, **just a ~!**, **one ~!**, **half a ~!*** (*attendez*) un instant! *or* une minute!; (*objecting to sth*) minute!, pas si vite!*; **I shan't be a ~**, **I'll just** *or* **only be a ~** j'en ai pour un instant; **a ~ ago** il y a un instant; **a ~ later** un instant plus tard; **that very ~** à cet instant *or* ce moment précis; **the ~ he arrives** dès *or* aussitôt qu'il arrivera; **the ~ he arrived** dès *or* aussitôt qu'il arriva, dès son arrivée; **do it this ~!** fais-le à l'instant! *or* sur-le-champ!; **I've just this ~ heard of it** je viens de l'apprendre à l'instant (même); **it won't take a ~** c'est l'affaire d'un instant; **at the (present) ~**, **at this ~ in time** en ce moment (même), à l'heure qu'il est; **at that ~** à ce moment(-là); **at any ~** d'un moment *or* instant à l'autre; **at every ~** à chaque instant, à tout moment; **at the right ~** au bon moment; **at the last ~** au dernier moment; **to leave things till the last ~** attendre le dernier moment; **for a ~** un instant; **for a brief ~** l'espace d'un instant; **not for a ~!** jamais de la vie!; **for the ~** pour le moment; **from the ~ I saw him** dès l'instant où je l'ai vu; **from that ~** dès ce moment, dès cet instant; **I'll come in a ~** j'arrive dans un instant, dès un instant; **it was all over in a ~** tout s'est passé en un instant *or* en un clin d'œil *or* en un tournemain; **the ~ of truth** la minute *or* l'heure *f* de vérité; (*fig*) **he has his ~s** il a ses bons côtés; **it has its ~s** ça contient de bonnes choses; *V* **spur**.

(b) (*importance*) importance *f*. **of little ~** de peu d'importance; **of (great) ~** de grande *or* haute importance.

concurrence [kɔ̃kyʀɑ̃s] *nf* **(a)** (*gén, Comm; compétition*) competition. **un prix défiant toute ~** an absolutely unbeatable price, a rock-bottom price; **~ déloyale** unfair trading *ou* competition; **faire ~ à qn, être en ~ avec qn** to be in competition with sb, compete with sb.

(b) (*limité*) **jusqu'à ~ de** … up to …, to a limit of … .

concurrencer [kɔ̃kyʀɑ̃se] (3) *vt* to compete with. **il nous concurrence dangereusement** he is a serious threat *ou* challenge to us; **leurs produits risquent de ~ les nôtres** their products could well pose a serious threat *ou* challenge to ours *ou* could well seriously challenge ours.

compétition [kɔ̃petisjɔ̃] *nf* **(a)** (*Sport: activité*) **la ~** competitive sport; **faire de la ~** to go in for competitive sport; **la ~ automobile** motor racing; **abandonner la ~** to retire from competitive sport, stop going in for competitions; **sport de ~** competitive sport.

(b) (*Sport: épreuve*) event. **~ sportive** sporting event; **une ~ automobile** a motor racing event.

(c) (*gén, Sport: rivalité, concurrence*) competition (*U*); (*Comm, Pol*) rivalry, competition. **entrer en ~ avec** to compete with; **être en ~** to be competing, be in competition (*avec* with).

Ecrivons!

Activité 6

Ecrivez dix phrases qui résument les aspects importants de votre vie (ville natale, famille, loisirs, spécialisation à l'université, etc.).

1. _____

2. _____

3. _____

4. _____

5. _____

6. _____

7. _____

8. _____

9. _____

10. _____

CHEZ VOUS

Ecrivez un autoportrait pour vous introduire à votre professeur en vous référant à l'Activité 6. Ecrivez la meilleure composition possible. Vous aurez l'occasion à plusieurs reprises pendant le semestre de réviser cette composition.

CHAPITRE

1

PRISE DE CONTACT

*Comment écrire les invitations, les accueils
et les petit mots*

As the preliminary chapter discusses, many types of writing may be found within the broad range of writing tasks, from informal notes to formal presentations.

One of the most informal forms of writing is a postcard to a friend or relative. Although most postcards are informal by nature, they nevertheless exhibit many of the standard elements characteristic of more formal written correspondence: a date, a salutation, a body of text, a signature, an address, and so on. Because of space limitations, many postcards follow an almost formulaic outline, with certain expressions and topics found repeatedly.

A LA LECTURE

Avant de lire

 Activité 1

In English, list three of the most common expressions found on postcards. Then list three of the most frequently found comments about the postcard picture. Even without seeing the picture, you can imagine likely comments.

Most common expressions

1. _____

2. _____

3. _____

Most frequent comments about the postcard picture

1. _____

2. _____

3. _____

Activité 2

Lisez le message sur la carte postale suivante. Identifiez les éléments que vous avez notés en anglais (Activité 1) qui se retrouvent en français sur cette carte postale.

La Martinique

SAINTE MARIE

La Martinique, le 17 juin
Chère Nicole,
   Nous sommes arrivés samedi à la Martinique. C'est magnifique! Il fait très, très beau. Les couleurs sont brillantes – le ciel, la mer, les fleurs. Hier nous avons loué une voiture et conduit le long de la côte – est de l'île. Demain nous allons visiter Fort-de-France, la capitale. L'année prochaine, il faut que tu viennes avec nous! Dis bonjour de notre part à tes parents. Bien à toi!
   Françoise et Jean-Marc
Collection Mer Des Caraïbes

ÉD TIONS CASE A RHUM - 5, rue de la Liberté
Tél. 73 73 20 - Fort de France - MARTINIQUE

MAR
880046

Mlle Nicole MARTIN
32 rue Gasparin
69003 Lyon
FRANCE.

Photographies Anne NOURAULT

La Présentation d'une carte postale
(ou d'une lettre informelle)

le lieu et la date   l'en-tête   le/la destinataire

La Martinique

SAINTE MARIE

La Martinique, le 17 juin.
Chère Nicole,

Nous sommes arrivés samedi à la Martinique. C'est magnifique! Il fait très, très beau. Les couleurs sont brillantes – le ciel, la mer, les fleurs. Hier nous avons loué une voiture et conduit le long de la côte – est de l'île. Demain nous allons visiter Fort-de-France, la capitale. L'année prochaine, il faut que tu viennes avec nous! Dis bonjour de notre part à tes parents. Bien à toi!

Françoise et Jean-Marc

Collection Mer Des Caraïbes

Photographies Anne NOURAULT

ED. TIONS CASE A RHUM - 5, rue de la Liberté
Tél. 73 73 20 - Fort de France - MARTINIQUE

MAR
880046

Mlle Nicole MARTIN
32 r. Gasparin
69003 Lyon
FRANCE.

le corps de la lettre   la signature

Activité 3

Imaginez que vous écrivez une carte postale que vous avez achetée à la librairie universitaire. Il s'agit d'une photo d'un des bâtiments sur le campus de votre université. Ecrivez en français un message sur la carte postale en décrivant la photo et en incluant vos commentaires sur deux autres sujets de votre choix. N'oubliez pas la date, le lieu, l'en-tête, la signature et l'adresse du destinataire—peut-être un(e) de vos ami(e)s français(es).

 ## Activité 4

Comparez votre carte postale avec celles de vos camarades de classe en répondant oralement aux questions suivantes.

1. Combien de personnes ont choisi de décrire le même bâtiment? Comparez les descriptions.

2. Si on spécifie l'usage du bâtiment, comment le décrit-on?

3. Combien d'étudiants mentionnent le temps ou le climat local? Est-ce qu'ils mentionnent la même saison? Comparez les descriptions des différentes saisons.

4. Est-ce que quelqu'un a invité son (ses) ami(e)(s) à lui rendre visite à l'université? Si oui, comparez les invitations.

5. Combien de façons différentes de terminer la carte postale a-t-on trouvées? Citez des exemples.

Activité 5

Voici un autre exemple d'un style informel—une lettre amicale. Dans ce cas il s'agit d'une lettre d'une étudiante de français à une autre. Notez bien le ton de conversation de la lettre qui se termine par une invitation à déjeuner. Notez trois éléments qui soulignent le ton familier de cette lettre.

1. _____

2. _____

3. _____

New York, le 20 août

Chère Suzanne,

Ça fait longtemps que je ne t'ai pas vue – depuis le semestre dernier! Nos déjeuners ensemble au Resto U et nos conversations au café le soir me manquent beaucoup. J'espère que tu as passé de bonnes vacances avec ta famille. Moi, tandis que j'aime bien la vie en famille et les vacances, j'attends avec impatience la rentrée dans deux semaines. J'ai tant de choses à te raconter -- des nouvelles de ma famille, mon voyage au Canada, et de nouveau, je vais changer de spécialisation. Je te jure que c'est la dernière fois!

J'arrive vendredi matin au moment de l'ouverture des résidences universitaires. Je garde ma chambre du semestre dernier, mais malheureusement il faut attendre 10 jours l'installation du téléphone. Dès que tu arriveras, viens me voir. Si on déjeunait ensemble? Donne-moi un jour à partir de samedi et l'endroit où on se retrouve. D'accord?

Tout amicalement,

Claudine

Activité 6

Résumez les deux ou trois idées principales de la lettre de Claudine.

Les idées principales

1. _____

   _____

2. _____

   _____

3. _____

   _____

Formules utiles

Les lettres

Pour commencer une lettre

à quelqu'un que l'on ne connaît pas

Monsieur, Madame, Mademoiselle,

à noter: De nombreuses salutations sont possibles, avec des formules très précises selon le titre ou la profession du destinataire. Puisqu'on se concentre sur les correspondances assez informelles dans ce chapitre, on se limite ici aux formes données.

à quelqu'un que l'on connaît depuis quelque temps

Cher Monsieur, Chère Madame, Chère Mademoiselle,

Cher (chère) collègue,

Cher confrère,

Mon cher confrère,*

à un(e) ami(e) ou à quelques ami(e)s

Mon cher ami, Ma chère amie,

Ma chère amie, Madeleine, Mon cher ami, Jacques,

Cher ami, Chère amie

Cher (Chère) *nom de la personne* (exemple: Chère Agnès)

*colleague

Les lettres

Pour terminer une lettre

à quelqu'un que l'on ne connaît pas

Je vous prie d'agréer, Madame (Mademoiselle, Monsieur), l'expression de mon profond respect.

Veuillez croire, Monsieur (Madame, Mademoiselle), à tous mes sentiments respectueux.

Recevez, Mademoiselle (Madame, Monsieur), l'assurance de ma parfaite considération.

Veuillez agréer, Madame (Mademoiselle, Monsieur), mes respectueux hommages.

à noter: Une femme ne doit jamais terminer une lettre formelle à un homme en employant le mot *sentiments*.

à quelqu'un que l'on connaît depuis quelque temps

Veuillez croire, Madame, à l'assurance de mes sentiments distingués.

Croyez, Mademoiselle, à l'expression de mes sentiments respectueux.

Veuillez accepter, cher Monsieur, l'expression de mes sentiments les plus amicaux.

Je vous prie de me croire, Madame, bien fidèlement vôtre.

à un(e) ami(e) ou à quelques ami(e)s

Recevez, cher ami (chère amie), l'expression de ma respectueuse amitié.

Croyez, chère amie (cher ami), à mon amical souvenir.

Bien amicalement à toi (à vous).

(Tout) amicalement,

Bien à vous (à toi),

Grosses bises,

Je t'embrasse,

Activité 7

Les lettres entre amis ne suivent pas de formule stricte d'organisation. Néanmoins, l'ordre interne devrait être assez logique. Voici une liste d'éléments compris dans une lettre imaginaire. Indiquez dans quel ordre vous mettriez ces éléments si vous écriviez la lettre.

_____ offrir de venir le/la chercher pour aller au cinéma

_____ demander des nouvelles de sa famille

_____ l'inviter à aller au cinéma ensemble la semaine prochaine

_____ décrire le temps

_____ écrire l'en-tête

_____ lui donner votre nouveau numéro de téléphone

_____ décrire ce que vous avez fait depuis votre dernière rencontre

_____ poser quelques questions au sujet des activités de votre ami(e)

Activité 8

En groupes de quatre personnes, comparez vos résultats de l'Activité 7. Il y a plusieurs réponses possibles. Justifiez vos choix.

Activité 9

Etudiez encore une fois la lettre de Claudine à la page 22. Si vous répondiez à cette lettre, quelles formules choisiriez-vous? Quelles sont les idées principales qu'il faut inclure dans votre réponse?

L'en-tête

Les idées principales

1. _____

2. _____

3. _____

La formule de politesse

_____

CHEZ VOUS 1

Ecrivez une réponse à la lettre de Claudine. Suivez les idées que vous avez formulées dans l'Activité 9.

A L'ECOUTE

Avant d'écouter

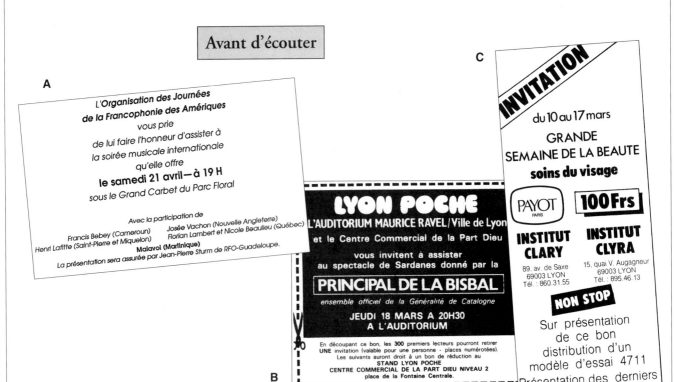

A

L'Organisation des Journées
de la Francophonie des Amériques
vous prie
de lui faire l'honneur d'assister à
la soirée musicale internationale
qu'elle offre
le samedi 21 avril—à 19 H
sous le Grand Carbet du Parc Floral

Avec la participation de

Francis Bebey (Cameroun)   Josée Vachon (Nouvelle Angleterre)
Henri Lafitte (Saint-Pierre et Miquelon)   Florian Lambert et Nicole Beaulieu (Québec)
Malavoi (Martinique)
La présentation sera assurée par Jean-Pierre Sturm de RFO-Guadeloupe.

C

INVITATION

du 10 au 17 mars

GRANDE
SEMAINE DE LA BEAUTE

soins du visage

PAYOT PARIS   **100Frs**

**INSTITUT
CLARY**

89, av. de Saxe
69003 LYON
Tél. : 860.31.55

**INSTITUT
CLYRA**

15, quai V. Augagneur
69003 LYON
Tél. : 895.46.13

NON STOP

Sur présentation
de ce bon
distribution d'un
modèle d'essai 4711
Présentation des derniers
maquillages.

LYON POCHE
L'AUDITORIUM MAURICE RAVEL / Ville de Lyon
et le Centre Commercial de la Part Dieu

vous invitent à assister
au spectacle de Sardanes donné par la

PRINCIPAL DE LA BISBAL

ensemble officiel de la Généralité de Catalogne

**JEUDI 18 MARS A 20H30
A L'AUDITORIUM**

En découpant ce bon, les **300** premiers lecteurs pourront retirer
UNE invitation (valable pour une personne - places numérotées).
Les suivants auront droit à un bon de réduction au
STAND LYON POCHE
CENTRE COMMERCIAL DE LA PART DIEU NIVEAU 2
place de la Fontaine Centrale.

B

Activité 10

Pour chaque invitation, répondez aux questions suivantes.

1. C'est une invitation pour quelle sorte d'événement?

2. L'invitation est destinée à quel public?

3. Quels individus ou organisations offrent cette invitation?

4. Quelle est la date de cet événement? Où va-t-il se passer?

5. Est-il nécessaire de répondre à cette invitation?

Invitation A

1. _____

2. _____

3. _____

4. _____

5. _____

Invitation B

1. _____

2. _____

3. _____

4. _____

5. _____

Invitation C

1. _____

2. _____

3. _____

4. _____

5. _____

Les invitations

Pour faire une invitation

M. et Mme Sabatier prient M. et Mme Collomb de leur faire le plaisir de...
(venir dîner à 20h30, samedi, le 18 mars).

Nous serions très heureux(-euses) si vous pouviez nous accompagner...

Je serais très heureux(-euse) si tu pouvais...

Voudrais-tu nous accompagner en vacances?

Si on + *verbe à l'imparfait:* **Si on déjeunait** ensemble?

Pour répondre à une invitation

pour refuser une invitation

Nous sommes désolé(e)s de ne pouvoir nous y rendre, étant retenu(e)s par un engagement antérieur.

Vous me voyez bien désolé(e) de ne pouvoir accepter votre si gentille invitation.

Je regrette bien vivement de ne pouvoir m'y rendre.

Je suis navré(e) *(sorry)* de devoir vous dire que...

J'aurais tant voulu pouvoir vous (te) dire oui.

J'aurais tant aimé te (vous) dire oui.

Je crains que non parce que...

Je regrette mais...

Je suis désolé(e) mais...

L'invitation qui suit et les deux réponses proposées reflètent un style plus formel que la lettre de Claudine. Notez bien les expressions employées pour les invitations et les réponses.

Invitation à dîner

> Chère Madame,
>
> Nous feriez-vous le plaisir de venir dîner à la maison vendredi, le 17 décembre, à 20h30? Nous recevons quelques amis, parmi lesquels le peintre Clément, dont je vous ai parlé, et qui sera très heureux de faire votre connaissance.
>
> En espérant bien vivement que M. Mertens et vous-même pourrez être des nôtres, je vous prie de croire, chère Madame, à mon plus sympathique souvenir.

Réponse négative

> Chère Madame,
>
> Je reçois à l'instant votre aimable invitation pour le 17 décembre et suis navrée de devoir vous dire que nous ne pourrons nous y rendre. Mon mari a en effet ce soir-là un dîner à la Chambre syndicale du livre, et ses obligations professionnelles le contraignent absolument à y assister.
>
> Avec mes plus vifs regrets, je vous prie de croire, chère Madame, à l'expression de mes sentiments les meilleurs.

Réponse affirmative

> Chère Madame,
>
> Nous acceptons avec le plus grand plaisir votre invitation pour vendredi. Nous partageons, mon mari et moi, la même admiration pour René Clément, et nous sommes particulièrement heureux d'avoir l'occasion de le rencontrer.
>
> Recevez, chère Madame, l'expression de nos sentiments les meilleurs.

Activité 11

Vous venez de recevoir deux invitations. Les deux événements sont malheureusement prévus pour le même jour. Choisissez l'invitation que vous voudriez accepter. Ensuite écrivez deux lettres: une pour accepter l'invitation que vous avez choisie et une pour refuser l'autre invitation.

Monsieur Raoul Cardot

vous invite à une réception en l'honneur des artistes locaux

qui aura lieu le 15 Septembre

à 18 h.

Adresse 118 r. Montesquieu 7ᵉ

(7) 869.73.24

R.S.V.P.

Madame Mireille Gauthier

vous invite à un dîner en l'honneur de l'anniversaire d'Édouard Gauthier

qui aura lieu le 15 Septembre

à 19 h.

Adresse 98 cours Vitton 6ᵉ

(7) 828.98.55

R.S.V.P.

Activité 12

Quelles modifications feriez-vous à vos réponse pour répondre à une invitation moins formelle?

Activité 13

Vous êtes rentré(e) chez vous de vos cours avant vos camarades de chambre. Il y a des messages sur le répondeur automatique. Ecoutez les trois messages reçus. Ecoutez plusieurs fois pour obtenir les renseignements nécessaires. Ensuite, complétez les messages ci-dessous.

Télé-Pratic

Le _____ à _____ heures

pour M _____

Pendant que vous n'étiez pas là,

M _____

_____

_____

_____ Tél. _____

a téléphoné ☐   est passé vous voir ☐

      demande de le rappeler   ☐

      vous rappellera   ☐

      désire un rendez-vous   ☐

      a laissé ce message: _____

_____

_____

Télé-Pratic

Le _____ à _____ heures

pour M _____

Pendant que vous n'étiez pas là,

M _____

_____

_____

_____ Tél. _____

a téléphoné ☐   est passé vous voir ☐

      demande de le rappeler   ☐

      vous rappellera   ☐

      désire un rendez-vous   ☐

      a laissé ce message: _____

_____

Télé-Pratic

Le _____ à _____ heures

pour M _____

Pendant que vous n'étiez pas là,

M _____

_____

_____

_____ Tél. _____

a téléphoné ☐   est passé vous voir ☐

      demande de le rappeler   ☐

      vous rappellera   ☐

      désire un rendez-vous   ☐

      a laissé ce message: _____

_____

_____

CHEZ VOUS 2

Puisque votre amie, qui a laissé le troisième message, va passer le week-end à la bibliothèque, il est impossible de la contacter par téléphone. Ecrivez-lui un petit mot en fixant un rendez-vous pour lundi soir. N'oubliez pas de donner tous les détails nécessaires.

A L'ENTRETIEN

Avant de parler

Activité 14

Répondez aux questions suivantes sur votre ville natale ou sur la ville où vous habitez quand vous n'êtes pas à l'université.

1. Quelle est votre ville natale?

    _____

2. Habitez-vous toujours votre ville natale? Si non, où habitez-vous maintenant?

    _____

3. Depuis combien de temps y habitez-vous?

    _____

4. Quelle est le nombre (approximatif) d'habitants de la ville?

    _____

5. Quel est le climat dans cette région du pays?

    _____

6. Quelle est l'industrie ou l'activité économique la plus importante de la ville?

    _____

7. L'agriculture est-elle une partie importante de l'économie de la région?

_____

8. Y a-t-il beaucoup de restaurants? de cinémas? de parcs?

_____

_____

9. Est-ce qu'il y a un aéroport près de la ville?

_____

10. Quand les touristes visitent la ville, qu'est-ce qu'ils aiment voir? Qu'est-ce qu'ils aiment faire?

_____

_____

11. Voudriez-vous y vivre après avoir obtenu votre diplôme? Pourquoi ou pourquoi pas?

_____

_____

12. Si vous n'habitiez pas cette ville, où voudriez-vous habiter?

_____

Parlons ensemble!

Activité 15

Pour mieux connaître vos camarades de classe, choisissez une ou deux des questions présentées dans l'activité précédente. Vous aurez une periode de temps limitée annoncée par votre professeur pour circuler parmi les autres étudiant(e)s et pour poser votre(vos) question(s). Parlez avec autant d'étudiants que possible et notez les réponses à vos questions à la page 34. Après avoir terminé votre enquête, présentez les résultats à la classe entière.

[lined notepad illustration]

Activité 16

Si possible, trouvez deux étudiants qui viennent de la même ville ou de la même région que vous. Présentez vos réponses à toutes les questions de l'Activité 14 à la classe. Les autres étudiants notent les différences et les similarités entre vos descriptions de la même ville ou région.

> **Avant de parler**

Activité 17

Complétez les phrases suivantes au sujet de vos études et de votre vie quotidienne à l'université.

1. J'ai choisi cette université parce que _____

   _____ .

2. Je suis en _____ année à l'université. Je voudrais me spécialiser en

_____ .

3. Je suis _____ cours ce semestre: <u>le français,</u> _____

_____ .

4. A mon avis, le meilleur endroit pour étudier est _____

_____ .

5. Un de mes endroits favoris pour retrouver mes amis est _____

_____ .

6. Quand j'ai le temps et assez d'argent pour dîner en ville, je vais _____

_____ .

7. Voici mes préférences en ce qui concerne...

   a. les sports _____

   b. la musique _____

   c. l'art _____

   d. les livres _____

8. Je préfère des amis qui sont _____ .

9. Il est important que mes amis _____ .

10. La qualité la plus importante chez un(e) ami(e) est _____

_____ .

Parlons ensemble!

 Activité 18

En groupes de quatre personnes, comparez vos réponses à l'Activité 17 avec celles des autres étudiants. Il n'est pas nécessaire de comparer toutes les réponses. Posez des questions supplémentaires pour obtenir d'autres renseignements. Ensuite, changez de groupe et discutez avec trois étudiant(e)s différent(e)s.

CHEZ VOUS 3

Choisissez un(e) camarade de classe que vous ne connaissez pas bien. Ecrivez une lettre d'introduction à votre partenaire dans laquelle vous parlez de vos études à l'université, de votre ville natale et de vos passe-temps préférés. Invitez votre partenaire à déjeuner ou à dîner avec vous, à étudier avec vous ou bien à aller au cinéma. Essayez d'établir une nouvelle amitié.

A LA TACHE

Avant d'écrire

Activité 19

Lisez l'annonce publicitaire distribuée aux touristes qui enjoint le lecteur à visiter la ville de Québec en promettant un accueil hors du commun.

La Ville de Québec   *Le Cabinet de la Mairie*

BIENVENUE A QUEBEC

Il me fait plaisir de vous souhaiter la cordiale bienvenue à Québec, le cœur de l'Amérique française, ville de contrastes dont le riche patrimoine historique offre à ses visiteurs une aventure culturelle exceptionnelle.

Venir à Québec, c'est avoir l'occasion de rencontrer des gens sympathiques et chaleureux dont la langue est le français, l'une des deux langues officielles de notre pays, le Canada. C'est avoir la possibilité de pouvoir pratiquer le français et de vivre dans une ambiance unique sous le signe de l'hospitalité.

> Soyez les bienvenus à Québec, dont le site fut découvert par Jacques Cartier en 1535 et où fut construite la première colonie permanente au Canada, par Samuel de Champlain, en 1608.
>
> Québec est la source de l'histoire canadienne, le berceau de la civilisation francophone sur notre continent. Venez y vivre avec nous des moments inoubliables.
>
> Le maire de Québec

Activité 20

Quels mots ou expressions sont utilisés pour souhaiter la bienvenue aux touristes? Lesquels suggèrent des images qui donnent aux touristes l'envie d'aller y passer leurs vacances? Soulignez les expressions appropriées.

Activité 21

Notez l'organisation de cette annonce publicitaire. Identifiez l'idée principale de chaque paragraphe.

Paragraphe 1 _____

_____

Paragraphe 2 _____

_____

Paragraphe 3 _____

_____

Paragraphe 4 _____

_____

Ecrivons!

Activité 22

L'Alliance française vous a chargé(e) d'écrire une lettre de bienvenue aux étudiants français qui viennent visiter votre ville universitaire. Notez les idées principales qui pourront suggérer l'organisation de votre lettre. N'écrivez pas de phrases complètes.

Paragraphe 1—Donnez une introduction dans laquelle vous situez la ville et souhaitez la bienvenue aux touristes.

_____

_____

Paragraphe 2—Parlez d'un ou deux aspects uniques de la ville.

_____

_____

Paragraphe 3—Décrivez l'importance historique de la ville.

_____

_____

Paragraphe 4—Donnez les raisons pour lesquelles les visiteurs aiment la ville.

_____

_____

Paragraphe 5—Résumez la lettre en soulignant un aspect culturel qui donnera aux touristes l'envie de venir passer les vacances dans cette ville.

_____

_____

CHEZ VOUS 4

Ecrivez une lettre qui s'inspire d'un des thèmes suivants.

1. Une lettre de bienvenue dans votre ville universitaire, destinée aux étudiants étrangers qui y viennent chaque année. Basez l'organisation de votre lettre sur celle de l'annonce du maire de Québec, en utilisant un style moins formel.

2. Une lettre de bienvenue dans votre ville natale, basée sur celle du maire de Québec.

3. Une réponse à la lettre de votre camarade de classe écrite pour *Chez vous 3* à la page 36.

Comment est votre ville universitaire?

CHAPITRE

2

NOTEZ BIEN!

*Comment prendre des notes, résumer un
texte ou faire un plan*

Note-taking is one of the most common types of writing in an academic setting. Whether listening to a lecture, reading a chapter from a textbook or researching a paper, note-taking is generally the first step toward organizing written information. Good notes can provide a quick reference for pertinent information and serve as an organized guide from which to summarize key concepts.

A LA LECTURE

Avant de lire

Activité 1

Briefly answer the following questions about note-taking.

1. Do you find it easier to take notes during a lecture or from a written text? Why?

   _____

   _____

   _____

2. When reading a text, how do you decide what is important enough to take notes on and what should be left out? Give three recommendations.

   a. _____

   b. _____

   c. _____

3. When, if ever, is it important to take notes verbatim from a text?

   _____

   _____

4. In what ways do you take notes differently when listening to a lecture than when reading a text? Think of two ways.

a. _____

b. _____

Activité 2

In both oral and written texts, particular expressions often emphasize the importance of certain information. In English, list five expressions that alert the listener or reader to the fact that what follows is of special importance or bears a special relationship to ideas presented earlier.

1. as a result _____   4. _____

2. _____   5. _____

3. _____   6. _____

Lisez attentivement!

Activité 3

Lisez l'article suivant au sujet du Québec et soulignez les idées principales.

Les Quatre Saisons

Ce pays de 1,5 million de kilomètres carrés est si grand qu'il pourrait contenir à la fois l'Espagne, le Portugal, la France, la Belgique, la Suisse et l'Allemagne, qui comptent au total 200 millions d'habitants! Mais contrairement à ceux-ci, à cause de sa situation géographique qui le fait participer au Grand Nord, le Québec est peu peuplé: ses 6,5 millions d'habitants se sont groupés dans les régions sud du territoire où le climat est tempéré, ponctué de quatre saisons bien distinctes.

Le Québec change de couleurs au fil des saisons. L'hiver, il est d'un blanc lumineux et scintillant[1] sous le soleil; par contraste, au printemps, il se couvre d'une multitude de petites fleurs jaunes, bleues, mauves, blanches ou roses, et le vert des arbres bourgeonne[2] lentement; l'été, tout est vert et bleu éclatant sous un soleil de plomb[3]; l'automne scintille d'or et de pourpre, dans les forêts, sur les montagnes et même dans les villes. Malgré le stéréotype d'un pays froid du nord, ce qui frappe le plus en toute saison, c'est la présence presque constante du soleil; Montréal, par exemple, compte par année 100 heures d'ensoleillement de plus que Paris, la capitale française, située elle aussi en climat tempéré.

Les Québécois vivent au rythme de ces saisons. Par conséquent, ils ont développé une mentalité et des modes de vie qui tiennent compte des saisons: ils ont autant de joie à voir arriver l'hiver que l'été.

L'hiver a beau durer cinq mois par année, il ne pose plus aucun des problèmes auxquels les premiers colons ont dû faire face lorsqu'aux XVIe et XVIIe siècles, ils sont venus s'installer au Québec, alors habité par des Amérindiens et des Inuits. C'est de ces premiers habitants que les Français débarqués ici ont appris à s'habiller de peaux d'animaux pour combattre le froid; l'un des premiers métiers de ces colons a d'ailleurs été celui de trappeur ou de "coureur des bois".

On ne peut pas, pourtant, conquérir la rigueur du climat au point de la faire disparaître. Mais on peut, néanmoins, la combattre et surtout l'assumer[4] pour la rendre agréable. C'est ainsi que les Québécois ont développé divers moyens de rendre la vie en hiver plus facile. Cela les a amenés à découvrir sans cesse de nouveaux moyens plus modernes de construire, d'isoler et de chauffer leurs maisons, d'adapter leurs véhicules de transport aux méfaits[5] de la glace et de la neige, d'ouvrir des voies de communication qui, aujourd'hui, peuvent les mener dans toutes les régions de leur immense territoire. Ils sont devenus des spécialistes du nord.

Les Québécois ont maîtrisé les rigueurs du climat et la géographie accidentée[6]. Dans leur conversation, il est souvent question du temps: de celui qu'il a fait, qu'il fait et qu'il fera... au point qu'ils en blaguent eux-mêmes en disant que c'est leur premier sport national!

Réalités du Québec, Gouvernement du Québec, 1986

1. twinkling, 2. bud, 3. a blazing sun, 4. to assume, to control,
5. ravages, 6. harsh or rough

 Activité 4

Encerclez dans le texte précédent les expressions qui *signalent* les idées principales ou établissent un rapport entre divers faits. Ensuite, comparez vos réponses aux Activités 3 et 4 avec celles de vos camarades de classe.

Vocabulaire utile

Les rapports entre les événements

Pour établir un rapport chronologique

pour commencer	*to begin*
d'abord	*first*
auparavant (adv.)	*before, previously*
avant (adv.)	*before*
après (adv.)	*next, after*
ensuite (adv.)	*next*
prochain(e) (adj.)	*next*
suivant(e) (adj.)	*next*
alors, puis	*then*
pendant que…	*while (at the same time)*
tandis que…	*while (by contrast)*
dans l'intervalle	*in the meantime*
en attendant	*in the meantime*
entre temps	*in the meantime*
enfin, finalement	*finally, at last*
pour finir	*lastly*
en dernier lieu	*lastly*

Pour indiquer un rapport de contraste ou de conséquence

aboutir à	*to result in*
par conséquent	*as a result*
par suite de	*due to*
en dépit de, malgré	*in spite of, despite*
au contraire	*on the contrary*
par contre	*on the contrary*
d'une part	*on the one hand*
d'autre part	*on the other hand*
quoique	*although*
cependant, pourtant	*however*
par ailleurs	*furthermore*
néanmoins	*nevertheless*
donc	*therefore*
ainsi	*thus*
par exemple	*for example, for instance*
par comparaison	*in comparison*

Activité 5

Relisez *Les Quatre Saisons*. Pour chaque paragraphe, notez les idées essentielles.

Paragraphe 1 beaucoup plus grand que la plupart des pays européens mais

moins peuplé; il y a quatre saisons différentes

Paragraphe 2 _____

_____

_____

Paragraphe 3 _____

_____

Paragraphe 4 _____

_____

_____

Paragraphe 5 _____

_____

_____

Paragraphe 6 _____

_____

Activité 6

En employant les notes que vous venez de prendre, écrivez une ou deux phrases complètes pour résumer les idées importantes dans chaque paragraphe.

Paragraphe 1 _____

_____

_____

Paragraphe 2 _____

_____

_____

Paragraphe 3 _____

_____

Paragraphe 4 _____

_____

_____

Paragraphe 5 _____

_____

_____

Paragraphe 6 _____

_____

Activité 7

Répondez aux questions suivantes.

1. Y a-t-il une progression évidente dans l'ordre des paragraphes? Décrivez-la.

_____

_____

2. Quel est le but du premier paragraphe? du dernier paragraphe?

_____

_____

3. Décrivez trois contrastes présentés dans le texte.

a. _____

b. _____

c. _____

4. Quel est le ton du texte?

_____

5. A qui les remarques sont-elles adressées? Comment le savez-vous?

_____

_____

CHEZ VOUS 1

Le texte suivant offre une autre vue du Québec et de sa saison d'hiver. Lisez le texte, puis répondez aux questions.

L'Hiver

L'hiver, c'est un bel exemple de l'adaptation de la société québécoise à une nature souvent ingrate. Cette saison, deux fois plus longue que dans les vieux pays d'où venaient la majorité des colons aux XVIIe et XVIIIe siècles, a forcé les habitants à changer leurs habitudes dans la construction des maisons, dans l'agriculture, dans leur mode de vie. C'est ainsi qu'on a apprivoisé l'hiver: en milieu urbain, ce sont les sports d'hiver et le retour à la nature qui font marcher commerce et tourisme des régions avoisinantes; en milieu rural, on avait compris depuis longtemps le salutaire exercice du rire et de la détente collective ("veillées," "soirées canadiennes"). A l'isolement forcé qu'imposent les "bancs de neige," on répond par le sens de la fête: le groupe mange et boit—pas toujours à doses homéopathiques—chante, danse, et prend ainsi ses distances vis-à-vis des conditions difficiles.

L'hiver est au centre de beaucoup de préoccupations comme en témoignent les nombreux tableaux, les poèmes et les chansons. L'hiver coûte une fortune en isolation, en chauffage, en déneigement. Le Québécois a cependant réussi le tour de force de tourner avec bonheur ce désagrément à son avantage. Bien plus, l'inconscient collectif s'est littéralement approprié l'hiver avec la tranquille assurance du propriétaire qui n'entend pas laisser les autres jouir de son bien. Naim Kattan note qu'un écrivain étranger ou néo-québécois, comme lui originaire d'Irak, n'a pas vraiment le droit d'écrire sur l'hiver. Cette relation de la pensée à une réalité très spécifique au Québec dénote l'importance de la représentation mentale qu'on se fait de l'hiver.

> Si la civilisation du temps paraît caractériser l'Europe ou l'Asie, ne pourrait-on pas dire que l'espace est une des données essentielles du continent américain? Aussi les problèmes que posait le territoire aux hommes qui voulaient se l'approprier étaient-ils nombreux; plus nombreuses encore étaient les solutions trouvées avec imagination et un sens de l'adaptation assez phénoménal. N'est-il pas rassurant, par ailleurs, de penser qu'individuel ou collectif, l'imaginaire ne se satisfait jamais d'une situation de confort?
>
> *Le Québec: un pays, une culture*, 1990

1. En quoi les deux textes—*L'Hiver* et *Les Quatre Saisons*—diffèrent-ils? Notez au moins trois différences.

   a. _____

   b. _____

   c. _____

2. Décrivez la perspective offerte par cet auteur. En quoi diffère-t-elle de celle de l'auteur des *Quatre Saisons*?

   _____

   _____

3. Quelle est la progression interne du deuxième texte? Notez les idées principales de chaque paragraphe.

   _____

   _____

   _____

4. Quelles sont les idées principales que les deux textes ont en commun?

   _____

   _____

   _____

> **Avant d'écouter**

Activité 8

Avant d'écouter une conférence au sujet de la langue au Québec, indiquez cinq aspects de ce sujet qui vous semblent importants et qui pourraient être inclus dans la conférence.

1. _____

2. _____

3. _____

4. _____

5. _____

Activité 9

A votre avis, les phrases suivantes sont-elles vraies ou fausses? Inscrivez **V** (vrai) ou **F** (faux) pour indiquer vos réponses.

_____ 1. Le français parlé au Québec n'est pas vraiment différent du français parlé dans les autres anciennes colonies de la France.

_____ 2. Tandis que la majorité des Canadiens parlent français, les habitants du Canada qui parlent anglais ont provoqué des difficultés pour le gouvernement.

_____ 3. Quand on considère l'isolement du Québec, il n'est pas étonnant d'apprendre qu'il n'y a qu'un seul accent québécois.

_____ 4. Dans certaines régions, les habitants ont tendance à prononcer certaines voyelles commme des diphtongues.

_____ 5. La langue anglaise a eu une grande influence sur l'évolution du français au Québec.

_____ 6. Ceux qui s'inquiètent au sujet de l'influence anglophone sur la langue française au Québec ont peur de perdre leur identité culturelle.

_____ 7. Le *joual* désigne le français parlé par la majorité des francophones au Québec.

_____ 8. La loi 101 a fait de la langue française la langue officielle du Canada entier.

Ecoutons!

 Activité 10

Ecoutez la conférence au sujet de la langue française au Québec. Prenez des notes sur les idées principales. Ecoutez la bande plusieurs fois.

Activité 11

Corrigez vos réponses dans l'Activité 9 en vous référant à vos notes.

_____ 1. Le français parlé au Québec n'est pas vraiment différent du français parlé dans les autres anciennes colonies de la France.

_____ 2. Tandis que la majorité des Canadiens parlent français, les habitants du Canada qui parlent anglais ont provoqué des difficultés pour le gouvernement.

_____ 3. Quand on considère l'isolement du Québec, il n'est pas étonnant d'apprendre qu'il n'y a qu'un seul accent québécois.

_____ 4. Dans certaines régions, les habitants ont tendance à prononcer certaines voyelles commme des diphtongues.

_____ 5. La langue anglaise a eu une grande influence sur l'évolution du français au Québec.

_____ 6. Ceux qui s'inquiètent au sujet de l'influence anglophone sur la langue française au Québec ont peur de perdre leur identité culturelle.

_____ 7. Le *joual* désigne le français parlé par la majorité des francophones au Québec.

_____ 8. La loi 101 a fait de la langue française la langue officielle du Canada entier.

Activité 12

Répondez aux questions suivantes au sujet du français parlé au Québec. Essayez de répondre à chaque question selon les notes que vous avez prises en écoutant la conférence.

1. Le français parlé au Québec n'est pas le même que le français parlé en France. En quoi les deux langues diffèrent-elles?

   _____

   _____

   _____

2. Pendant des siècles le français du Québec a suivi sa propre évolution sans être beaucoup influencé par les changements en Europe. A votre avis, quelles ont été les principales forces qui ont influencé son développement?

   _____

   _____

   _____

3. Quelle est la position officielle du gouvernement québécois à l'égard du français et de l'anglais? Y a-t-il une langue dominante dans l'emploi officiel?

   _____

   _____

   _____

Activité 13

La conférence sur la langue française au Québec est divisée en cinq parties distinctes. En groupes de quatre ou cinq personnes, choisissez une de ces parties et combinez vos notes pour reconstruire les idées du conférencier d'une façon aussi détaillée que possible. Ensuite, préparez un résumé de ces idées, puis présentez-le à la classe entière.

I. La langue

    A. Trois problèmes de langue

        1. _____

        2. _____

        3. _____

II. L'accent

    A. Sources de l'accent _____

_____

    B. Trois exemples d'accents régionaux

        1. _____

        2. _____

        3. _____

III. Les archaïsmes et les anglicismes

    A. Source des archaïsmes _____

_____

    B. Sources des anglicismes

        1. _____

        2. _____

IV. Le joual

    A. Influence(s) sur le développement du *joual* _____

_____

B. Deux traits qui caractérisent le *joual*

1. _____

2. _____

V. *La loi 101*

A. Trois conséquences de la loi

1. _____

2. _____

3. _____

CHEZ VOUS 2

Ecoutez sur la cassette la deuxième conférence, dont le sujet est la chanson au Québec. En suivant le processus utilisé pour la conférence sur la langue, prenez des notes et faites le plan du texte. Un plan consiste en général en notes courtes qui représentent les idées les plus importantes. Ecoutez la bande plusieurs fois si nécessaire.

A L'ENQUETE

Avant d'écrire

En principe, un bon résumé contient toutes les grandes lignes d'un texte—qu'il s'agisse d'un article ou d'un livre. C'est une fenêtre qui donne sur l'ensemble de l'œuvre.

Activité 14

Le texte suivant est le résumé d'un livre au sujet du Québec. Lisez attentivement le texte. Ensuite indiquez sur la table des matières à la page 56 un sujet possible pour chacun des huit chapitres du livre.

Réalités du Québec

Le Québec porte en lui des contradictions fascinantes: contrée nordique, il connaît un été exceptionnel, souvent presque tropical; seul état francophone sur le continent nord-américain, "découvert" il y a à peine 450 ans, c'est aujourd'hui l'une des sociétés les plus modernes au monde. Le niveau de vie de ses habitants le place au 9e rang des peuples de la terre, grâce notamment à ses abondantes ressources naturelles.

Vivre au Québec, pour les premiers colons comme pour leurs descendants d'aujourd'hui, c'est conquérir la nature, en vivre et en tirer son plaisir, mais, c'est aussi l'assumer, se laisser porter par son cycle infini et sa puissance. Terre immense, faite de grands espaces, de forêts et de lacs à perte de vue, vivant au rythme de quatre saisons bien définies, ce "nouveau monde" du XVIe siècle a tenu ses promesses d'avenir: après l'avoir conquis à la force de leurs bras et de leur patience, les Québécois l'ont ouvert à tous.

Le Québec est une terre d'accueil, pacifique et démocrate, où vivent les descendants des premiers colons français, ceux des Anglais et des Irlandais arrivés deux siècles plus tard et les immigrants venus de près de 80 nations au cours des 50 dernières années. Peuple de défricheurs (pionniers), de bâtisseurs, de travailleurs, les Québécois ont aussi donné au monde des ingénieurs, des artistes, des inventeurs, des poètes et des scientifiques.

Parce qu'ils sont chaleureux et accueillants, ils ouvrent leurs portes aux visiteurs hiver comme été, et ils ont déjà convié les gens de partout à des célébrations mondiales: à Montréal, leur métropole, pour l'Exposition universelle de 1967 qu'ils ont appelée "Terre des Hommes" ; en 1976 pour les Jeux Olympiques d'été; en 1980 pour les Floralies internationales; et en 1984, à Québec, leur capitale, pour une grande fête des voiliers soulignant le 450e anniversaire de la "découverte du Nouveau Monde."

Réalités du Québec, Gouvernement du Québec, Ministère des Relations internationales

---

 Activité 15

Comparez vos sujets de chapitres avec ceux de vos camarades de classe. Ensuite discutez des questions suivantes.

1. Combien en avez-vous en commun?

2. Y a-t-il des chapitres que tout le monde pense trouver dans le livre? Lesquels?

3. Avez-vous suggéré un chapitre original que personne d'autre n'a considéré? Lequel?

TABLE DES MATIERES

Chapitre 1

_____

Chapitre 2

_____

Chapitre 3

_____

Chapitre 4

_____

Chapitre 5

_____

Chapitre 6

_____

Chapitre 7

_____

Chapitre 8

_____

Notez bien!

Voici l'explication donnée dans un manuel scolaire français pour apprendre à résumer un texte.

Le résumé de texte: Méthodologie

1. **Lire** très attentivement le texte **deux à trois fois** sans prendre de notes, sans souligner quoi que ce soit.

2. **Cacher le texte** et essayer, mentalement, de **réfléchir** à ces questions:

   a. De quoi s'agit-il?
   b. Quel est le point de départ du texte?
   c. A quelle conclusion arrive-t-on?

3. **Relire le texte, crayon en main:**

   a. Encadrer les **mots-clés**.
   b. Encercler les **outils grammaticaux** qui servent à articuler, à faire progresser le texte (donc la pensée).

4. Se poser à nouveau les questions précédentes (cf. question n° 2) et retrouver le **mouvement** du texte.

5. Rédiger au brouillon *(draft)* le résumé.

Les principes du résumé

1. Réduire au 1/4 en général.

2. Dégager les idées principales. Eliminer, ou, s'ils sont nombreux, résumer les exemples.

3. Respecter rigoureusement la progression du texte.

4. Rester neutre. (Un résumé n'est pas un commentaire!)

Ecrire, Garrigue & Poirier, 1988

Activité 16

Lisez le texte suivant et étudiez le résumé des deux premiers paragraphes. Ensuite, continuez le résumé à partir du troisième paragraphe. Suivez la méthodologie décrite ci-dessus.

La sauvegarde de la langue

Quand la colonie du Canada est devenue possession anglaise en 1763, les colons français ont entretenu peu de contacts avec les conquérants anglais; ils ne demandaient qu'à conserver leur identité linguistique, culturelle et religieuse. En 1791, Londres divisait la colonie en deux provinces: le Haut-Canada et le Bas-Canada (aujourd'hui l'Ontario et le Québec), reconnaissant ainsi officiellement l'existence de deux nations distinctes: l'une anglaise, l'autre française. En 1774, le droit civil français et le libre exercice de la religion avaient d'ailleurs été rétablis dans la colonie. En 1837–1838, les partisans d'une république indépendante et d'une société française distincte prennent les

Résumé

la langue française au Canada — reconnue et considérée au 18e siècle comme expression d'une identité linguistique, culturelle et religieuse — a subi un échec pendant la première moitié du 19e siècle quand les dirigeants britanniques ont proclamé l'anglais seule langue officielle.

armes dans le Bas-Canada; la rébellion est vite réprimée par les dirigeants britanniques qui votent en 1840 l'union des deux Canadas et proclament l'anglais seule langue officielle.

Mais les Francophones continuent à réclamer leurs droits et à défendre farouchement leur langue. La réalité de la coexistence de deux peuples distincts s'imposera finalement au Parlement de Londres qui, en 1867, par l'Acte de l'Amérique du Nord britannique, fédérera l'Ontario, le Québec, le Nouveau-Brunswick et la Nouvelle-Ecosse (situés à l'est du Québec). Cet acte constitutionnel donne à l'anglais et au français un statut de langues officielles non seulement au Québec, mais aussi au Parlement central et devant les tribunaux du nouveau Canada fédéré.

Toute l'histoire québécoise qui suivra, jusqu'à nos jours, est basée sur la reconnaissance de cette francophonie d'Amérique: le droit pour le Québec d'être une nation française, tout en respectant le droit pour ses citoyens anglophones minoritaires de vivre selon leur culture et leur langue. Les Francophones ne comptent plus au Canada que pour 25,5% de la population totale, mais le Québec à lui seul regroupe 85% de ces Francophones. Plus le Québec évoluait, se modernisait et affirmait ses liens nord-américains, plus il lui paraissait essentiel d'affirmer son identité française.

Différents gouvernements, au cours des derniers 100 ans, ont agi de manières diverses pour atteindre cet objectif. N'en retenons que la période la plus récente: en 1974, l'Assemblée

nationale proclamait le français langue
officielle du Québec, et en 1977 elle
adoptait la Charte de la langue française
dans le but "d'assurer la qualité et le
rayonnement de la langue française"
dans la civilisation nord-américaine. La
Charte fait du français la langue de
l'état et de la Loi, aussi bien que la
langue normale et habituelle du
travail et de l'enseignement, des
communications, du commerce et des
affaires.

    Le Québec n'est pas devenu pour
autant exclusivement français. Mais le
français y a la primauté: les entreprises,
le commerce et les affaires se francisent
pour que la majorité de la population
puisse y faire carrière dans sa langue; les
Anglophones, quel que soit leur rang
dans l'entreprise, continuent à utiliser
l'anglais entre eux.

Il va de soi que dans ses rapports
avec le monde extérieur, au sein de la
communauté internationale des affaires
par exemple, le Québec utilise l'anglais
ou le français selon la nature des
besoins, des situations ou encore selon
la langue nationale ou véhiculaire de ses
interlocuteurs.

_____

_____

_____

_____

_____

Réalités du Québec, Gouvernement du Québec, Ministère des Relations internationales

CHEZ VOUS 3

Reprenez vos notes du texte *Les Quatre Saisons* et les résumés de chaque paragraphe (Activités 3 à 7). Faites un résumé bref de l'article (6 à 8 phrases). Soyez prêt(e) à présenter votre résumé à la classe.

A LA TACHE

Avant d'écrire

Activité 17

Votre professeur annoncera un sujet sur lequel il (elle) donnera une conférence. Avant d'écouter la conférence, prenez quelques minutes pour vous préparer sur le sujet. Complétez le schéma suivant.

1. sujet de la conférence _____

2. trois idées qui pourraient être traitées dans la conférence

a. _____

b. _____

c. _____

Ecrivons!

 Activité 18

Ecoutez attentivement la conférence de votre professeur. Prenez des notes. Faites attention aux expressions qui soulignent les aspects importants de la présentation et à celles qui indiquent les rapports entre divers événements. Après la conférence, vous aurez l'occasion de lui poser quelques questions pour vérifier ou pour préciser ce que vous aurez entendu.

Activité 19

Préparez trois questions qui vous aideront à préciser les détails de la conférence.

1. _____

2. _____

3. _____

CHEZ VOUS 4

Faites un résumé bien organisé de la conférence présentée par votre professeur. Essayez de suivre les principes du résumé que vous avez appris dans ce chapitre.

CHAPITRE

3

METTRE DANS LA BALANCE

Comment comparer et mettre en contraste

Making decisions often requires closely examining and comparing two or more options. At times, the choices available may not seem to differ significantly. In such instances, it is important to examine each option carefully and to compare its strengths and weaknesses.

The job market—whether you are doing the looking or the hiring—often involves making difficult decisions. When you are job hunting, for example, it is particularly important to evaluate the job description, the educational and experience requirements, and the geographical location. The interview is an appropriate time to ask questions for additional information in order to weigh the advantages and disadvantages of each position. When you are hiring, finding a good professional and personal match for your organization is crucial. This chapter helps you to develop the writing skills that you will need when you make comparisons.

A LA LECTURE

Avant de lire

Activité 1

In English, list what you consider to be the five most important factors when looking for work.

1. _____

2. _____

3. _____

4. _____

5. _____

Activité 2

Indicate the priority that you would assign to each of the following factors when considering a job offer (1 = high, 10 = low). Add additional factors if you need to.

____ opportunity for travel

____ company automobile

____ climate

____ specific responsibilities

____ friendliness of coworkers

____ proximity to family

____ cost of housing in the area

____ availability and quality of public transportation

____ opportunity for advancement

____ job security

_____

_____

Activité 3

Quelles sont vos plus grandes préoccupations à l'égard d'une situation professionnelle? Au centre de l'étoile à la page 68 sont indiquées des considérations importantes au chercheur d'emploi. Les pointes de l'étoile indiquent un avantage ou un inconvénient pour chaque considération. Ajoutez d'autres avantages ou inconvénients qui correspondent à vos intérêts.

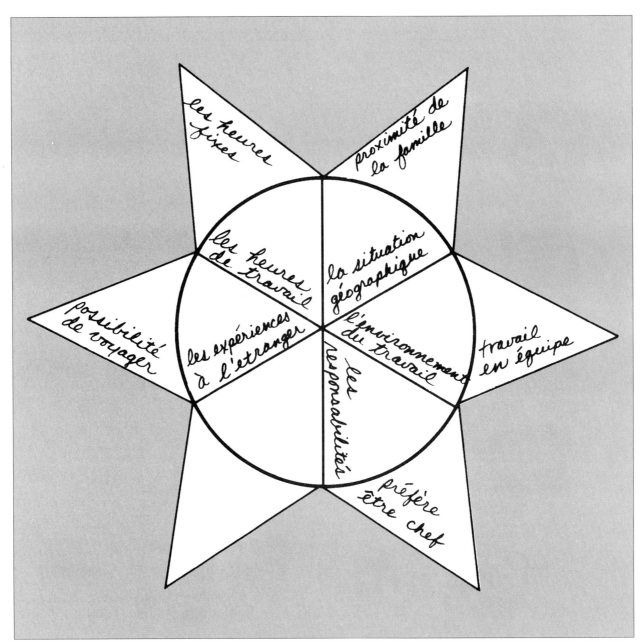

Lisez attentivement!

Lisez les annonces aux pages suivantes. Les Activités 4 à 8 en dépendent.

Activité 4

Ecrivez la lettre de l'annonce qui correspond à la description donnée ci-dessous.

Pour cette situation...

____ 1. Le (la) candidat(e) doit avoir au moins 30 ans.

____ 2. Il faut que le (la) candidat(e) parle bien l'anglais et l'arabe.

____ 3. Il faut voyager fréquemment.

____ 4. On offre une voiture aux candidats.

____ 5. Il vaut mieux être célibataire.

____ 6. Il faut avoir une formation d'Ecole de Commerce et le désir de travailler hors de France.

____ 7. Il est possible de travailler en Normandie.

Activité 5

Choisissez deux annonces qui vous intéressent et répondez aux questions suivantes pour chaque annonce.

Je m'intéresse à l'annonce _____ et à l'annonce _____ .

1. Qu'est-ce qui vous intéresse le plus dans cette annonce?

    a. Annonce 1 _____

    b. Annonce 2 _____

2. Quelle formation faut-il avoir pour cette situation?

    a. Annonce 1 _____

    b. Annonce 2 _____

3. Dans cette situation, aurez-vous l'occasion de voyager fréquemment? Où?

    a. Annonce 1 _____

    b. Annonce 2 _____

4. A part le français et l'anglais, est-il nécessaire de savoir parler une autre langue?

    a. Annonce 1 _____

    b. Annonce 2 _____

5. Quelles sont les qualités nécessaires pour réussir dans une telle situation?

    a. Annonce 1 _____

    b. Annonce 2 _____

Activité 6

Chaque situation a ses propres avantages et inconvénients. Avec un(e) partenaire, indiquez deux avantages et deux inconvénients pour chaque annonce.

Annonce 1

Avantages

1. _____

2. _____

Inconvénients

1. _____

2. _____

Annonce 2

Avantages

1. _____

2. _____

Inconvénients

1. _____

2. _____

Activité 7

Comparez les éléments donnés en vous référant aux annonces. Il s'agit quelquefois de donner votre opinion personnelle. Des formules utiles pour faire des comparaisons se trouvent à la page suivante.

Les annonces OMI et GO SPORT

1. la possibilité de voyager <u>Les possibilités de voyager sont plus</u>

   <u>grandes avec OMI qu'avec GO SPORT.</u>

2. l'expérience désirée _____

   _____

3. les relations avec les autres _____

   _____

Les annonces CHANEL et OMI

1. les chances d'avancement _____

   _____

2. les responsabilités _____

   _____

3. le coût de la vie dans les régions _____

   _____

Les annonces FRUIT OF THE LOOM et SUPER GLUE

1. le salaire _____

   _____

2. la sécurité du travail _____

   _____

3. les avantages sociaux _____

   _____

Les comparaisons

Pour comparer les traits et les caractéristiques

être plus + *adjectif* (que)...

être moins + *adjectif* (que)...

être aussi + *adjectif* (que)...

Les responsabilités **sont plus intéressantes** dans ce poste.

La possibilité de voyager **est moins grande** dans ce poste.

à noter: l'adjectif **bon** est irrégulier: meilleur(e), pire, aussi bon(ne)

Le climat est meilleur dans cette région.

à noter: Le **que** est nécessaire lorsque les deux postes sont mentionnés.

La sécurité du travail **est aussi bonne** dans ce poste **que** dans l'autre poste.

Pour comparer les aptitudes

...plus + *adverbe* que...

...moins + *adverbe* que...

...aussi + *adverbe* que...

Ce candidat **sait taper plus vite que** l'autre candidat.

à noter: l'adverbe **bien** est irrégulier: mieux, moins bien, aussi bien

Cette candidate **parle mieux l'allemand que** l'autre candidat.

Ce candidat **répond aussi poliment à** nos questions que l'autre candidate.

Pour comparer les quantités

avoir plus de + *nom* que...

avoir moins de + *nom* que...

avoir autant de + *nom* que...

Dans ce poste, **j'aurais plus de responsabilités que**
dans l'autre situation.

Dans ce poste, **il y a moins d'argent que** dans l'autre.

Dans ce poste, **il y a autant de congés payés que** dans l'autre.

Activité 8

En groupes de trois ou quatre personnes, choisissez deux annonces et comparez cinq de leurs caractéristiques communes. Les comparaisons ne doivent pas indiquer le nom des annonces. A tour de rôle, chaque groupe présente ses comparaisons à la classe et les autres étudiants essayent de deviner de quelles annonces il s'agit.

CHEZ VOUS 1

1. Dans les petites annonces des journaux français, on semble rechercher d'autres qualifications que dans celles des revues américaines. Notez au moins quatre différences.

   a. _____

   b. _____

   c. _____

   d. _____

2. Que veut dire **lettre manuscrite**? Pour quelle(s) raison(s) est-ce qu'on

   demanderait une telle lettre? _____

   _____

   _____

   _____

   _____

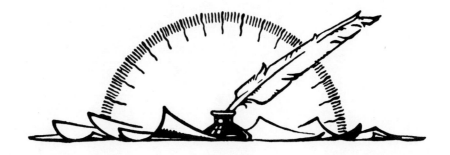

Avant d'écouter

Activité 9

Le responsable de la section des langues dans votre université vous a nommé(e), en tant qu'étudiant(e), membre d'un comité chargé de choisir un nouveau professeur de français. Des professeurs de langues constituent les autres membres du comité. Avant de vous entretenir avec les candidats, préparez-vous en décrivant cinq traits ou qualités que vous trouvez essentiels chez un bon professeur de français.

1. _____

2. _____

3. _____

4. _____

5. _____

Activité 10

Le comité a décidé de se concentrer sur les cinq aspects suivants. Précisez pour chaque catégorie quelques considérations importantes.

1. le diplôme et la spécialisation _____

_____

_____

_____

2. les cours déjà enseignés _____

_____

_____

_____

3. les recherches et les publications _____

_____

_____

_____

4. l'expérience à l'étranger _____

_____

_____

_____

5. la philosophie de l'enseignement _____

_____

_____

_____

 *Activité 11*

Préparez huit questions que vous voudriez poser aux candidats à ce poste.

1. _____

2. _____

3. _____

4. _____

5. _____

6. _____

7. _____

8. _____

Ecoutons!

Activité 12

Ecoutez attentivement l'entrevue des deux candidats pour le poste de professeur de français. Prenez des notes, puis organisez-les au sein des cinq catégories prévues dans l'Activité 10.

1. le diplôme et la spécialisation

   Candidat(e) A: _____   Candidat(e) B: _____

   _____   _____

   _____   _____

2. les cours déjà enseignés

   Candidat(e) A: _____   Candidat(e) B: _____

   _____   _____

   _____   _____

3. les recherches et les publications

   Candidat(e) A: _____   Candidat(e) B: _____

   _____   _____

   _____   _____

4. l'expérience à l'étranger

   Candidat(e) A: _____   Candidat(e) B: _____

   _____   _____

   _____   _____

5. la philosophie de l'enseignement

Candidat(e) A: _____   Candidat(e) B: _____

_____   _____

_____   _____

CHEZ VOUS 2

En vous servant de vos notes sur les entrevues des candidats, notez trois qualités ou expériences importantes et deux faiblesses pour chaque candidat(e).

Candidat(e) A

Qualités ou expériences importantes

1. _____

2. _____

3. _____

Faiblesses

1. _____

2. _____

Candidat(e) B

Qualités ou expériences importantes

1. _____

2. _____

3. _____

Faiblesses

1. _____

2. _____

Avant de parler

Activité 13

En écoutant l'entrevue des deux candidats, vous avez appris beaucoup au sujet de leurs expériences et de leurs intérêts. Mais certaines de vos questions sont sans doute restées sans réponse. Vous avez aussi de nouvelles questions basées sur ce que vous avez entendu. Préparez une liste de questions supplémentaires que vous voudriez poser maintenant à ces deux candidats.

Candidat(e) A

1. _____

2. _____

3. _____

4. _____

5. _____

Candidat(e) B

1. _____

2. _____

3. _____

4. _____

5. _____

Parlons ensemble!

Activité 14

Deux étudiants jouent le rôle des deux candidats. La classe est divisée en deux et chaque groupe pose quelques questions à un des candidats. Servez-vous des questions que vous avez préparées dans l'Activité 13. Après une période de temps limitée, les candidats changent de place et répondent aux questions de l'autre groupe. Posez vos questions et notez les réponses.

 Activité 15

Posez des questions à votre professeur actuel au sujet des entrevues qu'il (elle) a passées. Est-ce qu'on lui a posé des questions auxquelles vous n'avez pas pensé?

Activité 16

En groupes de trois ou quatre personnes, comparez les entrevues que vous avez passées. Vous avez peut-être eu une entrevue pour votre travail d'été? pour entrer à l'université? pour devenir membre d'une association scolaire?

Pendant la discussion, notez les réponses aux questions suivantes.

1. Quelle question vous a étonné le plus?

   _____

2. Quelle question a été posée dans toutes les entrevues?

   _____

3. Est-ce qu'il y a une question pour laquelle vous n'avez pas eu de réponse? Laquelle?

   _____

CHEZ VOUS 3

En vous basant sur vos notes et sur ce que vous avez appris dans l'Activité 14, comparez huit caractéristiques communes aux deux candidats au poste de professeur de français.

1. _____

2. _____

3. _____

4. _____

5. _____

6. _____

7. _____

8. _____

A LA TACHE

Avant d'écrire

 *Activité 17*

Reprenez la liste des qualités et traits essentiels chez un bon professeur de langues, la liste que vous avez préparée dans l'Activité 9. Avez-vous changé d'avis à la suite des discussions? Aviez-vous fait une ou plusieurs omissions la première fois? Modifiez votre liste en conséquence.

1. _____

2. _____

3. _____

4. _____

5. _____

Ecrivons!

 Activité 18

Complétez la liste de critères suivante. Ensuite, évaluez les deux candidats selon les critères que vous avez établis. Employez le système de notation suivant.

Excellent / Très bien / Bien / Faible / Ne s'applique pas

Candidat(e) A	Critères	Candidat(e) B
_____	1. <u>l'expérience à l'étranger</u>	_____
_____	2. <u>la variété de cours enseignés</u>	_____
_____	3. <u>l'enthousiasme pour le poste</u>	_____
_____	4. _____	_____
_____	5. _____	_____
_____	6. _____	_____
_____	7. _____	_____
_____	8. _____	_____

Qui choisiriez-vous pour le poste?

CHEZ VOUS 4

Le (La) responsable de la section des langues veut votre opinion par écrit au sujet de la sélection du nouveau professeur de français. Formulez une lettre dans laquelle vous justifiez votre choix. Dans la lettre n'oubliez pas de:

1. mentionner les qualités que vous jugez importantes pour ce poste et pourquoi

2. comparer les qualifications et expériences des deux candidats

3. justifier votre choix de candidat(e)

4

S'INFORMER

Comment faire des projets d'études à l'étranger

As a student of French, you have demonstrated a particular interest in French language and culture. Perhaps you have already been to a francophone country or corresponded with a French speaker. Have you considered the possibility of studying in a francophone country? Many programs are available in a wide range of countries, for varying lengths of time and with costs to fit almost any budget.

A LA LECTURE

Avant de lire

Activité 1

Answer the following questions in groups of three or four students.

1. Recognizing the increasing interdependency of all nations, the important role of the redefined European Economic Community, and the frequent discussion of the world in terms of a "global village," in what circumstances would *you* find French language skills useful?

   _____

   _____

   _____

2. If costs were not a consideration, in which three francophone countries would you most like to spend a semester or academic year?

   _____

   _____

3. Many students are hesitant about spending an entire semester or academic year in another country. List what you think are the three most common reasons.

   a. _____

   b. _____

   c. _____

Lisez attentivement!

Le texte suivant est tiré d'une publication universitaire intitulée *Guide pratique de l'étudiant*. Il traite de l'importance des séjours à l'étranger pour les étudiants d'anglais en France. Lisez le texte attentivement, puis complétez les activités.

Séjour d'un an en Grande-Bretagne ou aux U.S.A.

Tout étudiant en anglais doit se persuader qu'un séjour d'un an en pays de langue anglaise est *nécessaire*. Rien ne peut le remplacer: ni les séjours de courte durée pendant les vacances, qui sont un appoint[1] précieux auquel il faut recourir[2] le plus souvent possible, mais non un substitut; ni l'entraînement[3] à la pratique de l'anglais oral donné pendant les études universitaires (par exemple sous forme de cours de compréhension ou d'expression, même en laboratoire) qui est, dans la nature même des choses, très insuffisant. En effet, *rien* ne remplace l'immersion totale et soutenue[4] en milieu de langue anglaise, qui permet *seule* d'acquérir[5] l'aisance[6] et la sûreté de l'expression de même que la qualité de la prononciation.

Quel que soit le métier auquel l'étudiant se destine, sa compétence en anglais parlé jouera un rôle considérable. S'il se destine à l'enseignement de l'anglais, il devra réussir à un concours de recrutement qui comportera des épreuves orales. La qualité de l'anglais oral y prend de plus en plus d'importance et, dans les conditions de compétition accrue qui naissent de la diminution du nombre des postes mis au concours, un étudiant qui parle un anglais médiocre se condamne virtuellement à l'échec[7], quelle que soit par ailleurs sa valeur intellectuelle. Si l'étudiant se destine à un autre métier, dans l'exercice duquel il puisse mettre à profit sa connaissance de l'anglais, il doit se dire qu'il sera jugé sur sa compétence à l'oral au moins autant qu'à l'écrit: là encore, dans un temps où les débouchés[8] se font plus rares et la compétition plus dure, le séjour prolongé dans un pays de langue anglaise donne un avantage décisif.

L'étudiant doit se garder de l'erreur de perspective qui consiste à croire qu'en passant un an à l'étranger il perd un an dans ses études. L'étudiant qui fait ce séjour est inévitablement gagnant[9] à long terme; et plus tôt il le fait, plus vite il est gagnant.

L'expérience montre que cette année à l'étranger est une année non seulement utile mais heureuse: éloigné de[10] son milieu familial, national et universitaire, l'étudiant enrichit son expérience du monde, affirme sa personnalité, découvre l'indépendance, et revient sûr de lui-même. Il est donc très vivement recommandé aux étudiants de faire ce séjour.

Guide pratique de l'étudiant, Université de Lyon 2
U.E.R. de Lettres et Civilisations Etrangères

---

1. an addition, 2. to resort to, 3. training, 4. sustained, 5. to acquire,
6. ease, 7. failure, 8. openings, 9. a winner, 10. far from

Activité 2

Indiquez si les phrases suivantes sont vraies (**V**) ou fausses (**F**).

_____ 1. Pour tout étudiant en anglais, il est nécessaire de faire un séjour à l'étranger: soit un séjour d'un an, soit un séjour pendant les vacances.

_____ 2. C'est seulement par le travail soutenu en laboratoire qu'on peut acquérir la sûreté de l'expression et la qualité de la prononciation.

_____ 3. Si l'étudiant compte devenir professeur d'anglais, la compétence orale tiendra un rôle essentiel dans le choix de candidat pour un poste.

_____ 4. Pour ceux qui ont l'intention de poursuivre un autre métier, un long séjour dans un pays étranger peut aussi représenter un avantage important.

_____ 5. Il faut accepter le fait qu'on perd un an dans ses études quand on décide de faire un long séjour à l'étranger, et pour cette raison il vaut mieux compléter les études avant de considérer un tel voyage.

_____ 6. L'expérience à l'étranger contribue non seulement au développement de l'expression orale et écrite de la langue du pays mais au développement de la confiance de l'individu.

Activité 3

Selon le texte, quelles sont les conséquences positives d'un séjour d'un an dans un pays étranger? Donnez quatre exemples.

1. _____

2. _____

3. _____

4. _____

Ajoutez deux autres avantages qui ne sont pas mentionnés dans le texte.

5. _____

6. _____

Activité 4

A votre avis, quelles sont les cinq raisons les plus importantes de faire un séjour à l'étranger? Faites une liste de ces raisons par ordre d'importance, en commençant par la plus importante.

1. _____

2. _____

3. _____

4. _____

5. _____

CHEZ VOUS 1

Faites une liste des divers options possibles de passer un an à l'étranger.

1. un voyage motivé par un travail au pair (avec une famille francophone)

2. _____

3. _____

4. _____

5. _____

**Apprendre une langue,
c'est d'abord la vivre.
Comment. Quand. Où.**

A L'ECOUTE

Avant d'écouter

 Activité 5

Toute manière de voyager à l'étranger offre des avantages et des inconvénients. Notez un avantage et un inconvénient pour chacune des options que vous avez suggérées.

1. _____

    a. avantage _____

    b. inconvénient _____

2. _____

    a. avantage _____

    b. inconvénient _____

3. _____

    a. avantage _____

    b. inconvénient _____

4. _____

    a. avantage _____

    b. inconvénient _____

5. _____

    a. avantage _____

    b. inconvénient _____

Activité 6

Répondez oralement aux questions suivantes.

1. Quelle option préférez-vous? Pourquoi?

2. Combien de vos camarades de classe ont choisi la même option que vous?

3. Est-ce qu'il y a une option qui n'a que des avantages? Si oui, laquelle?

4. Quelles options existent pour les étrangers qui viennent aux Etats-Unis?

Activité 7

Un voyage motivé par un travail au pair constitue une option de voyager à l'étranger peu coûteuse. Lisez la lettre suivante, ensuite répondez aux questions à la page 92.

```
Paul DUBOIS

80, 1 V. Hugo
69800 ST PRIEST ——France

D.  72 23 31 16    B.  78 20 39 68


                                   le 16 février 199—

   Monsieur,

       Je me permets de reprendre contact avec vous car mon
   directeur recherche une étudiante pour garder son fils de 2 ans.
       La famille est sympathique.  La durée est d'un an à
   compter de juin.  La ville de Saint Priest est à 10km de Lyon (le
   permis de conduire est conseillé).
       Je vous serais fort reconnaissant si vous pouviez faire
   diffuser cette offre.
       Avec mes remerciements,
       Veuillez agréer, Monsieur, l'expression de mes sentiments
   distingués.
```

1. De qui l'étudiante aura-t-elle la responsabilité?

_____

2. Quelle est la période prévue pour ce poste?

_____

3. Pourquoi est-il conseillé d'avoir le permis de conduire?

_____

_____

4. A votre avis, quelles sont les responsabilités d'un travail au pair?

_____

_____

_____

5. Quels sont les avantages à travailler au sein d'une famille française?

_____

_____

_____

6. Accepteriez-vous de travailler au pair dans un pays francophone? Pourquoi ou pourquoi pas?

_____

_____

_____

 Activité 8

Comparez vos réponses avec celles de vos camarades de classe en groupes de trois ou quatre personnes.

Ecoutons!

Activité 9

Quatre étudiants ont fait, individuellement, un séjour à l'étranger. Chacun d'eux présente la stratégie utilisée pour séjourner pendant quelques mois ou plus dans un pays francophone. En écoutant chaque présentation, prenez des notes afin de pouvoir participer à la discussion qui suivra les présentations.

Seth

1. Dans quelle région francophone est-il allé? Pour combien de temps?

   _____

   _____

2. Pourquoi a-t-il choisi cette manière de visiter le pays?

   _____

   _____

3. Quels sont les plus beaux souvenirs de son séjour?

   _____

   _____

4. A sa place, qu'est-ce que vous feriez différemment?

   _____

   _____

5. Quels conseils donneriez-vous aux étudiants qui pensent faire un séjour à l'étranger dans un programme d'été?

   _____

   _____

Jennifer

1. Dans quelle région francophone est-elle allée? Pour combien de temps?

   _____

   _____

2. Pourquoi a-t-elle choisi cette manière de visiter le pays?

   _____

   _____

3. Quels sont les plus beaux souvenirs de son séjour?

   _____

   _____

4. A sa place, qu'est-ce que vous feriez différemment?

   _____

   _____

5. Quels conseils donneriez-vous aux étudiants qui pensent faire un séjour à l'étranger comme fille (fils) au pair?

   _____

   _____

Brian

1. Dans quelle région francophone est-il allé? Pour combien de temps?

   _____

   _____

2. Pourquoi a-t-il choisi cette manière de visiter le pays?

_____

_____

3. Quels sont les plus beaux souvenirs de son séjour?

_____

_____

4. A sa place, qu'est-ce que vous feriez différemment?

_____

_____

5. Quels conseils donneriez-vous aux étudiants qui pensent faire un séjour à l'étranger et qui veulent y travailler?

_____

_____

Wanda

1. Dans quelle région francophone est-elle allée? Pour combien de temps?

_____

_____

2. Pourquoi a-t-elle choisi cette manière de visiter le pays?

_____

_____

3. Quels sont les plus beaux souvenirs de son séjour?

_____

_____

4. A sa place, qu'est-ce que vous feriez différemment?

_____

_____

5. Quels conseils donneriez-vous aux étudiants qui pensent faire des études à l'étranger mais qui ne se sont pas encore décidés?

_____

_____

Activité 10

La publicité suivante présente un programme, à Angers, pour ceux qui veulent améliorer leur connaissance de la langue et de la culture françaises. Lisez la publicité, puis consultez la liste de vocabulaire à la page 98. Avec un(e) partenaire, répondez oralement aux questions ci-dessous. Soyez prêt(e) à présenter vos réponses à la classe entière.

1. Ce programme est destiné à quel public?

2. Est-il nécessaire de savoir parler français pour être admis à ce programme? Pourquoi ou pourquoi pas?

3. Est-il possible de recevoir pour cette expérience des crédits dans une université américaine?

4. Quels renseignements est-ce qu'on donne sur la ville d'Angers?

5. Si vous alliez participer à ce programme, quels cours choisiriez-vous?

Angers, dans le Val de Loire
réputé pour la pureté de sa langue
CENTRE INTERNATIONAL
D'ETUDES FRANCAISES
UNIVERSITE CATHOLIQUE
DE L'OUEST
COURS D'ETE

1. Cours de perfectionnement pour professeurs étrangers de français:
Perfectionnement linguistique et pédagogique. Connaissance de la France contemporaine. Vidéo et enseignement du français. Enseignement des langues assisté par ordinateur. Technique d'expression orale et écrite. Recrutement assuré par le Ministère des Affaires Etrangères.
OPTIONS: Français des Affaires. Littérature (6h par semaine)

2. Cours d'entraînement intensif à la pratique de la langue parlée et écrite:
A. Cours de JUILLET-du 2 au 28 (21h par semaine)
B. Cours de SEPTEMBRE-du 2 au 28 (25h par semaine)

Tous niveaux d'enseignement du français langue étrangère (débutants complets jusqu'au niveau universitaire). Etude de la langue-conversation-laboratoire-enquêtes.
Composition et civilisation françaises en septembre.
OPTIONS de littérature et de français des affaires, de civilisation (juillet), de traduction (septembre).
CREDITS-donnés par les universités américaines et canadiennes.

3. Cours Intensifs pour Instituteurs
d'Italie en Septembre, de Suisse en Novembre.
Présence continuelle de «moniteurs» animateurs pendant les cours d'été.

ANNEE UNIVERSITAIRE: 7 octobre /6 juin
❏ L'année est divisée en deux semestres: mi-octobre/début février et mi-février/début juin. On peut s'inscrire pour 1 semestre ou 1 trimestre.
❏ Langue française (tous niveaux, même débutants)
❏ Techniques d'expression écrite et orale. Phonétique.
❏ Traduction. Français des affaires, du tourisme.
❏ Littérature. Histoire. Philosophie. Arts. Musique.
❏ Civilisation. Institutions Publiques.
❏ Géographie et économie de la France.
DIPLOMES spécifiques du Centre de l'Alliance Française de Paris et de la Chambre de Commerce et d'Industrie de Paris.
CREDITS donnés par les universités américaines et canadiennes.
HEBERGEMENT-LOISIRS
❏ **Lieu des cours**: ANGERS, ville aux dimensions très humaines (210 000 habitants) dans la région des châteaux de la Loire, à 1h30 de Paris et 1h de la Côte Atlantique. L'université est située en ville.
❏ **Logement**: Chambre individuelle.
ETE: résidence universitaire, foyer ou chez l'habitant.
ANNEE: foyer ou chez l'habitant.
❏ **Repas**: à la salle à manger du centre pendant les stages et au restaurant universitaire pendant l'année.
❏ **Excursions organisées**: Mont-Saint-Michel-Saint-Malo-Châteaux de la Loire-Golfe du Morbihan-Versailles (année).
❏ **Chorale internationale-Ateliers de théâtre-Conférences-Sports**
❏ **Musées-Concerts-Théâtre** (en ville)-**Festival d'Anjou** (juillet)

Demander la notice détaillée à: Madame COCHIN-DIRECTRICE DU C.I.D.E.F 3 Place André-Leroy
B.P. 808 TEL: (33) 41 88 30 15 ou FAX: (33) 41 87 71 67
49 008 ANGERS Cédex 01 (FRANCE)

Les inscriptions

Pour parler des cours

des cours d'entraînement	*training courses*
des cours didactiques	*methodology courses*
un atelier	*a workshop*
les débutants	*beginners*
le perfectionnement	*improvement, perfection*
le recyclage	*retraining, reorientation*
un outil pédagogique	*a pedagogical tool*
un apprentissage	*an apprenticeship*
une étude approfondie	*an in-depth, thorough study*
un stage	*apprenticeship, training period*
un(e) stagiaire	*an apprentice, trainee*

Pour parler des frais

une bourse	*a scholarship*
un boursier, une boursière	*a scholarship holder*
compris	*included*
frais de scolarité	*tuition expenses, costs*
gratuit(e)	*free of charge*
frais d'hébergement	*housing expenses, costs*
pension complète	*room and board (3 meals/day)*
demi-pension	*room and board (2 meals/day)*
tarifs dégressifs	*degressive rates*
tarifs réduits	*reduced rates*

Pour obtenir des renseignements supplémentaires

une enveloppe timbrée	*a stamped envelope*
des caractères d'imprimerie	*printed letters*
une demande (de bourse)	*an application (for a scholarship)*
un dossier d'inscription	*a packet of registration forms*
une formule/un formulaire	*a form*
poser sa candidature	*to apply*
remplir (une formule)	*to fill out (a form)*

CHEZ VOUS 2

Complétez la demande de stage d'étudiants à l'étranger.

DEMANDE DE STAGE D'ETUDIANTS A L'ETRANGER

I. *INFORMATIONS GENERALES*

NOM et PRENOM de l'ETUDIANT(E) _____

ADRESSE et NUMERO de TELEPHONE _____

_____

DATE de NAISSANCE _____ LIEU de NAISSANCE _____

NATIONALITE _____

II. *FAMILLE*

NOM, ADRESSE et NUMERO de TELEPHONE des PARENTS _____

_____

PROFESSION des PARENTS: PERE _____

MERE _____

SITUATION FAMILIALE: CELIBATAIRE _____   MARIE(E) _____

BOURSIER _____   NON-BOURSIER _____

III. *UNIVERSITE*

UNIVERSITE _____ ANNEE d'ETUDE _____

ADRESSE et NUMERO de TELEPHONE de l'ETABLISSEMENT _____

_____

SPECIALISATION _____

DEMANDE DE STAGE D'ETUDIANTS A L'ETRANGER

SECONDE SPECIALISATION _____
(s'il y a lieu)

DIPLOMES OBTENUS _____

PROFESSION ENVISAGEE _____

LES LANGUES	NIVEAU D'EXPRESSION	ECRITE	ORALE
_____	_____	_____	_____
_____	_____	_____	_____
_____	_____	_____	_____

IV. *AUTRES RENSEIGNEMENTS*

STAGES ou EMPLOIS PRECEDENTS _____

_____

_____

SPORTS et LOISIRS PREFERES _____

_____

VOYAGES EFFECTUES A L'EXTERIEUR DES ETATS-UNIS _____

_____

_____

VEUILLEZ RETOURNER CE DOSSIER REMPLI EN CARACTERES D'IMPRIMERIE ET Y JOINDRE QUATRE PHOTOGRAPHIES D'IDENTITE, AINSI QU'UNE ENVELOPPE TIMBREE LIBELLEE A VOTRE ADRESSE.

A L'ENTRETIEN

Avant de parler

 Activité 11

Quelles sont les qualités requises pour un(e) étudiant(e) qui désire étudier à l'étranger?

1. _____

2. _____

3. _____

4. _____

Activité 12

On vous a invité à participer à la sélection de l'étudiant(e) qui recevra une bourse d'études pour l'étranger. Préparez des questions à poser aux candidat(e)s.

1. _____

2. _____

3. _____

4. _____

Parlons ensemble!

Activité 13

Cinq ou six personnes forment un groupe. Au moins trois d'entre elles jouent le rôle de candidat à une bourse d'études à l'étranger; au moins deux d'entre elles celui de membre du comité de sélection du boursier ou de la boursière. Chaque membre du comité pose des questions à chacun des candidat(e)s. Puis le comité se réunit pour son vote final et annonce sa décision.

A L'ENQUETE

Avant d'écrire

Lisez les annonces ci-dessous et à la page suivante. Lesquelles vous intéressent?

Université de Montréal
Faculté de l'éducation permanente
École de français

Montréal :
où le français va de soi

L'**École de français** vous ouvre ses portes. Il n'en tient qu'à vous de venir à Montréal vivre, en français, une expérience unique. Montréal, la ville francophone par excellence en Amérique du Nord. Des sessions internationales se déroulent au printemps et à l'été. L'enseignement est de niveau universitaire et les cours sont crédités. Pour la session d'été, des résidences vous sont accessibles sur le campus à un coût raisonnable.

Communication orale I

Du niveau débutant au niveau avancé.
Printemps :
du 21 mai au 14 juin
Été*
du 2 au 19 juillet
du 22 juillet au 9 août
390 $ CAN ou 350 $ US

Communication écrite I

4 niveaux d'apprentissage du français écrit
Été* :
du 2 au 19 juillet
du 22 juillet au 9 août
290 $ CAN ou 260 $ US

Didactique

Réservé aux professeurs de français langue seconde.
Méthodologie de l'enseignement : un outil pédagogique !
Été :
du 2 au 19 juillet
290 $ CAN ou 260 $ US

Culture québécoise contemporaine

Les principaux courants de l'évolution culturelle et artistique du Québec contemporain. Une sensibilisation à une culture francophone unique en Amérique du Nord.
Été :
du 22 juillet au 9 août
290 $ CAN ou 260 $ US

Information

École de français
Université de Montréal
C.P. 6128, succursale A
Montréal (Québec)
Canada H3C 3J7

Tél.: (514) 343-6990

* Deux sessions distinctes sont offertes

(0307-A)

Je veux apprendre le français

DANS UNE VILLE ACCUEILLANTE !
CADRE NATUREL -
TOTALEMENT FRANCAIS -
VIVRE DANS UNE FAMILLE !
Avoir accès à des activités d'art :
ciné - folklore - danse;
de plein air :
canot - escalade- montagne
à un coût raisonnable.
L'endroit ?

**Université
du Quebec
à Chicoutimi**

**L'école de langue française
et de culture Québécoise
555, boulevard de l'Université
Chicoutimi (Québec) CANADA
tél : (418) 545 - 5637**

Activité 14

Indiquez à quel programme s'applique chacune des phrases suivantes en inscrivant dans le blanc, à côté de chaque phrase, la lettre du programme qui y correspond. Une même phrase peut s'appliquer à plusieurs programmes.

> **A**   Université de Montréal
>
> **B**   Université du Québec à Chicoutimi
>
> **C**   Institut Montpelliérain d'Etudes Françaises
>
> **D**   Centre International d'Etudes de Langues—Strasbourg

____ 1. Il n'est pas nécessaire de savoir parler français pour être admis à ce programme.

____ 2. Ce programme offre des cours intensifs.

____ 3. Dans ce programme on a le choix de loger dans une famille ou dans une résidence universitaire.

____ 4. L'importance accordée aux activités culturelles est un des avantages de ce programme.

____ 5. Ce programme offre des cours pour professeurs.

____ 6. Un choix de dates est disponible pour les séjours offerts par ce programme.

____ 7. Dans ce programme, les cours intensifs sont limités à huit personnes.

____ 8. Ce programme m'intéresse le plus.

Activité 15

Quel programme choisiriez-vous? Comparez votre choix avec ceux de vos camarades de classe. Quelles considérations sont les plus importantes pour vous? Pour vos camarades?

Activité 16

Si vous aviez l'intention de vous inscrire à des cours d'été dans un pays francophone, qu'est-ce que vous voudriez savoir avant de choisir un programme particulier (les frais de scolarité, la durée des cours, etc.)? Donnez au moins cinq renseignements nécessaires.

1. _____

2. _____

3. _____

4. _____

5. _____

6. _____

CHEZ VOUS 3

A part les particularités du programme, quelles sont vos préférences à l'égard des études à l'étranger? Dans quel pays francophone ou dans quelle région de France voudriez-vous suivre des cours? Préférez-vous une grande ville? Quelles sont vos considérations les plus importantes? Ecrivez dix phrases.

_____

_____

_____

_____

_____

_____

_____

A LA TACHE

Avant d'écrire

Le Dossier Pratique qui suit (aux pages 108-109) est tiré d'une publication française aux Etats-Unis, *Le Journal Français d'Amérique*. Cette édition du journal présente divers programmes offerts par des universités américaines, canadiennes et françaises pour encourager les francophiles aux Etats-Unis et ailleurs à participer aux stages de langues et de cultures francophones.

Activité 17

En groupes de trois ou quatre personnes, comparez les descriptions des programmes présentés dans le Dossier Pratique. Notez en particulier les cours offerts, les dates, les lieux et les prix.

Ecrivons!

Afin de choisir le meilleur programme d'été possible pour vous, il vous sera nécessaire d'écrire une lettre pour demander des renseignements plus détaillés et pour recevoir les formulaires d'inscription.

La correspondance formelle suit une formule très stricte en français, comme vous l'avez déjà vu dans le premier chapitre. Lisez attentivement le modèle suivant.

L'école de langue française et
   de culture québécoise
555, boulevard de l'Université
Chicoutimi (Québec) CANADA

                                    Washington, le 19 janvier 19 _____

Monsieur,

   Auriez-vous l'obligeance de me faire parvenir des renseignements plus détaillés au sujet de votre programme d'été pour étudiants étrangers aussi bien qu'un dossier d'inscription pour le programme?
   Veuillez croire, Monsieur, à l'assurance de mes sentiments distingués.

                        Thomas M. Naber

Activité 18

Dans quelles autres circonstances est-il parfois nécessaire d'écrire une lettre pour demander des renseignements ou des formulaires?

1. _____

2. _____

3. _____

4. _____

5. _____

DOSSIER PRATIQUE

Les cours	Les prix	Les lieux
1-Cours individuels et en groupe, séjours découvertes et options telles que commerce, droit, marketing	En fonction de la durée du séjour et du nombre d'heures	Toute la France
2-Français général et français des affaires, recyclage pour professeurs et programme pour groupes.	1er prix: 1900 FF. pour 2 semaines en été	Centre ville à Strasbourg.
3-Cours standard (4 heures par jour), cours intensif (6 heures par jour), et français des affaires	10 000 et 11 200 FF., hébergement et cours compris pour 4 semaines (sans repas du soir)	A Antibes dans un château avec parc, en bord de mer
4-Cours intensif de français et cours didactique	De $1250 à $1750 comprenant inscription, frais de scolarité, activités diverses, et hébergement	A l'université du Québec à Chicoutimi.
5-Session d'immersion comprenant expression écrite et orale, culture québécoise et didactique	De $290 à $390 CAN pour des dureés allant de 45 à 60 heures	A l'université de Montréal
6-Cours de français en fonction du niveau de l'élève	Adultes: de $975 à $1300 CAN (entre 2 et 3 semaines) Etudiants: $1700 CAN (6 semaines) tout compris	Campus du collège de Jonquière à 225 km au Nord de Québec
7-Cours intensif de français des affaires, conférences	$1800 incluant hébergement, activités de formation et visites culturelles	A l'institut Passy-Buzenval
8-Cours de français traditionnel et intensif, table ronde, laboratoire, audio-visuel, cours de littérature, histoire...	De $1700 à $2700 tout compris en famille ou en école (en fonction du centre choisi)	Ecole ou université (Ecole des Roches), Sacriba près de Dijon, université de la Sorbonne, Dinan
9-Programme de français avec plusieurs cours à option	Prix variables en fonction de la durée du séjour et du nombre d'heures	A Pau et à Bayonne
10-Cours de français usuel avec options cinéma, art, golf, cuisine	De $650 à $1450 incluant cours, excursions et hébergement	A Avignon
11-Cours de français usuel, de français des affaires et cours pour professeurs de français	De 4060 à 8450 FF. comprenant cours et hébergement	A Brest, St-Malo et Vannes
12-Cours de langue, de culture et civilisation, français des affaires	De 2500 (juillet) à 5800FF. (un semestre), logement et nourriture non compris	A Angers dans le centre ville
13-Cours de français intensif, de français des affaires et formation de professeurs de français	950 FF. par semaine pour 25 heures de cours et le matériel pédagogique	A Vichy

DOSSIER PRATIQUE

L'établissement	Les élèves	Les dates
1-SILC-16022 Angoulême Cédex-Tél: 45 95 83 56 ou (516) 968 0554 à Bay Shore	Collégiens, lycéens, étudiants et adultes	Toute l'année
2-CIEL Strasbourg-4 Quai Kléber «Le Concorde» 67055 Strasbourg Cédex-Tél: 88 22 02 13	Adulte de 17 à 77 ans	Du 1/07 au 20/09
3-Riviera International-14, Route de la Badine 06600 Antibes-Tél: 93 74 36 08	Adulte à partir de 18 ans	Du 4/02 au 15/11
4-Université du Québec à Chicoutimi-555 Boul. Université, Chicoutimi, Québec G7H2B1-Tél: (418) 545 5011	Etudiants, professeurs de français, diplomates, professionnels	Sessions de 3 semaines en janvier, 4 à 6 semaines au printemps et en été, session d'automne et d'hiver
5-Université de Montréal-3750 rue Jean Brillant, CP 6128 Montréal, Québec H3C3J7-Tél: (514) 343 6990	Jeunes, étudiants et non étudiants, de 18 ans et plus	Du 21/05 au 14/06 et du 2/07 au 9/08
6-Collège de Jonquière-2505 rue Saint-Hubert, Jonquière, Québec G7X7W2-Tél: (418) 542 3536	Adultes et étudiants	Adultes: 27/05-14/06, 1/07-19/07, 29/07-16/08 Etudiants: 13/05-21/06, 1/07-9/08
7-Université Libre de Rueil-Malmaison-9 rue Jean Edeline, 92500 Rueil-Malmaison-Tél: 47 49 68 55	Etudiants de 18 ans et plus, cadres	Du 5 au 25/08
8-Vacances-Jeunesse-608 5th Avenue, Suite 410, NY, NY 10020-Tél: (212) 245 1150 ou 011 33 42 89 39 39	Jeunes à partir de 8 ans (famille et écoles) Jeunes de plus de 18 ans (Paris et universités)	De début juillet à mi-Septembre
9-University Studies Abroad-University of Nevada, Library/322, Reno, Nevada 89557-009. Tél: (702) 784 6569	Etudiants	Pau: 4/04-25/06, 5/09-19/12, 6/01-17/04 Bayonne: 25/06-10/08
10-French-American Center-23 rue de la République, 84 000 Avignon-Tél: 90 85 50 98	Scolaires, adultes et salariés	De mars à novembre
11-CIEL Brest-Rue du Gué Fleuri, BP 35, 29480 Le Relecq-Kerhuon, Brest-Tél: 98 30 57 57	Jeunes de 12 à 16 ans Jeunes à partir de 16 ans et adultes	De janvier à avril, cycles de 2 semaines tous les 15 jours; à partir d'avril, cycles de 2,3, ou 4 semaines
12-CIDEF Angers-3 place André Leroy, BP 808 49005 Angers Cédex-Tél: 41 88 30 15	Etudiants, non étudiants et professeurs	Du 2/07 au 28/07, du 2/09 au 28/09, du 2/10 au 1/02 et du 6/02 au 6/06
13-CAVILAM-BP 164, 14 rue du Maréchal Foch 03206 Vichy Cédex-Tél: 70 32 25 22	Adultes à partir de 16 ans	De 2 semaines à 1 an à tout moment de l'année et de 2 à 12 semaines de juillet à septembre

S'informer par écrit

Pour demander des renseignements

Voudriez-vous me faire savoir...

Pourriez-vous m'indiquer...

Auriez-vous la gentillesse de...

Est-ce qu'il vous serait possible de...

Auriez-vous l'obligeance de me faire parvenir...

Je vous serais reconnaissant(e) de...

Pour remercier d'avance

Je vous serais très reconnaissant(e) de...

En vous remerciant d'avance, je vous prie...

Avec mes remerciements, veuillez agréer...

UNIVERSITÉ LYON 2

U.E.R. de Lettres et Civilisations Étrangères

INSTITUT D'ANGLAIS

•

GUIDE PRATIQUE DE L'ETUDIANT

Activité 19

Choisissez un de vos exemples dans l'Activité 18 et écrivez une lettre pour demander des renseignements. Suivez le modèle à la page 107, mais essayez d'utiliser de nouvelles expressions en vous référant aux *Expressions utiles*.

_____

_____

_____

                                      _____

_____ ,

_____

_____

_____

_____

_____

_____

_____

_____

_____

_____

_____

_____

                                        _____

CHEZ VOUS 4

Préparez une composition sur un des sujets suivants.

1. Choisissez un programme dans le Dossier Pratique. Ecrivez une lettre pour demander des renseignements supplémentaires et pour recevoir un dossier d'inscription. Les expressions présentées dans le premier chapitre seront de nouveau très utiles.

2. Vous avez l'intention de poser votre candidature pour une bourse d'études à l'étranger offerte par votre université. Vous devez écrire une composition en français dans laquelle vous vous présentez et vous expliquez à quel programme vous voulez assister et pourquoi.

CHAPITRE

5

PAYSAGES EXTERIEURS ET INTERIEURS:

Comment décrire les endroits

When we think of landscapes we usually think of gently rolling hills, fields of wild flowers, fluffy clouds suspended over a tranquil sea, and so forth. In this chapter we will explore how the words we choose for our descriptions evoke certain feelings and attitudes. In addition, we will examine interior landscapes, our homes, and how they reflect the feelings and attitudes of their occupants. Finally, the chapter will conclude with a look at advertising and how the values and feelings associated with landscapes are used for commercial purposes.

A LA LECTURE

Avant de lire

Activité 1

Answer the following questions in English.

1. What is the most distinctive geographical feature of your region?

   _____

2. What three adjectives come quickly to mind when you are asked to describe the landscape in your area?

   a. _____

   b. _____

   c. _____

3. What is the natural geographical tourist attraction closest to

   your town? _____

4. Write four or five sentences briefly describing this attraction.

   _____

   _____

_____

_____

_____

_____

_____

_____

Activité 2

What verbs could you use in English to describe a landscape, other than *there is* or *there are*? For example, a mountain can *tower* above the plain and a river can *flow* through a valley. For each of the following geographical features, write a sentence in English using a verb typically associated with that feature.

1. a mountain _____

_____

2. a forest _____

_____

3. a road _____

_____

4. a field _____

_____

5. a valley _____

_____

6. a river _____

_____

Les paysages

Pour décrire les ruisseaux, les rivières, les fleuves

arroser	*to irrigate*
couler	*to flow*
courir	*to run*
rouler	*to roll*
serpenter	*to wind around (curve)*
traverser	*to cross*

Pour décrire les montagnes, les collines, les volcans

dominer	*to tower above*
se dresser	*to stand*
s'élever	*to rise*
surplomber	*to overhang*

Pour décrire les étangs, les lacs, les mers

luire	*to shine*
miroiter	*to gleam*
scintiller	*to sparkle*

Pour décrire les champs, les plaines, les vallées

s'étendre (de... jusqu'à...)	*to extend (from . . . to . . .)*
s'étirer	*to stretch out*
s'élargir	*to widen*
se rétrécir	*to narrow*

Pour décrire les routes, les sentiers, les chemins

longer	*to border, to run along*
sillonner	*to criss-cross*

Activité 3

Lisez la description suivante de la France en vous référant à la carte. Soulignez le vocabulaire de la géographie naturelle.

Une France hexagonale et compacte

La France continentale s'inscrit dans un hexagone. Elle est compacte sans être massive. Aucun point du territoire n'est à plus de 500 km d'un rivage. Aucun point n'est à plus de 1 000 km d'un autre. Il est possible, en voiture comme en train, de traverser la France d'est en ouest, ou du nord au sud en moins d'une journée.

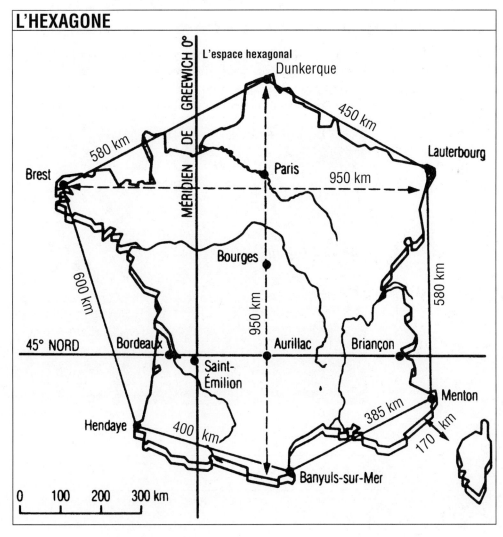

Des frontières... naturelles?

Les frontières de la France continentale s'étendent sur 5 500 km. Les frontières terrestres, qui représentent les trois cinquièmes, s'appuient sur des ensembles naturels: à l'est le Rhin, le Jura et les Alpes, au sud les Pyrénées. Seules les frontières du nord et du nord-est paraissent artificielles, conventionnelles: elles coupent des plaines et des vallées fluviales.

Le relief français

Le relief français offre une grande variété de paysages. Il est modéré dans son ensemble. L'altitude moyenne de la France est de 342 mètres. Près des deux tiers du territoire se situent en dessous de 250 m, près du quart en dessous de 100 m. Les reliefs supérieurs à 1 000 m occupent moins de 7% de la surface du pays. Ils se dressent aux frontières, au sud où les Pyrénées atteignent 3 298 m, à l'est où les Alpes atteignent 4 807 m au Mont-Blanc, point culminant européen.

La Géographie de la France, Labrune, 1989

 Activité 4

Faites une description de la carte postale, Chamonix—Mont-Blanc. Ecrivez quatre ou cinq phrases en vous référant au vocabulaire présenté à la page 116.

_____

_____

_____

_____

_____

_____

_____

CHEZ VOUS 1

Décrivez en français les aspects physiques de votre région géographique en vous référant à l'Activité 1. Mentionnez les éléments essentiels du paysage et utilisez le vocabulaire que vous avez appris.

A L'ECOUTE

Avant d'écouter

Un philanthrope francophile, Monsieur Jacques Prospère, vous a donné de l'argent pour acheter de la terre en France. C'est à vous d'en choisir le lieu et de décider comment utiliser cette terre. Vous disposez de tout l'argent nécessaire pour réaliser les projets de vos rêves.

 Activité 5

Que voulez-vous faire de la terre que vous allez acheter? Vous avez carte blanche. Sélectionnez autant de projets que vous le désirez parmi les idées suivantes ou donnez vos propres idées.

_____ Y créer un centre de recherche

_____ Y faire construire un centre commercial

_____ Y établir une école (de philosophie, de langues, de musique, de sport, etc.)

_____ Y créer une réserve d'animaux sauvages

_____ Y faire construire un hôpital

_____ Y établir une ferme expérimentale

Vos propres idées _____

_____

_____

_____

_____

_____

Activité 6

Préparez une description de votre projet principal avant de le présenter à la classe entière. (La durée de votre présentation est d'une minute maximum.)

_____

_____

_____

_____

Activité 7

Quelle sorte de terrain convient le mieux à vos projets? Déterminez vos critères de sélection pour ce terrain. En choisissant vos critères parmi les caractères de la liste suivante ou en donnant vos propres idées, complétez les phrases ci-dessous. Laissez intacts les blancs situés devant chaque critère.

près d'un lac ou d'un étang
dans une plaine fertile
dans une région ensoleillée
sur la pente d'une colline
au sommet d'une montagne
    qui domine une vallée
dans une région forestière
dans une région accidentée
dans une région (peu) industrialisée
pas trop loin d'une route principale
avec une vue panoramique sur la montagne

dans une région où il ne fait pas
    trop chaud (froid)
avec des arbres majestueux
au bord d'un fleuve
au bord de la mer
près d'un aéroport
près d'une grande ville
entourée de collines

Il faut absolument que la terre soit...

—— 1. _____

—— 2. _____

Je voudrais qu'elle soit...

—— 3. _____

—— 4. _____

—— 5. _____

—— 6. _____

Ecoutons!

Activité 8

Reprenez votre liste de critères de l'Activité 7 et écoutez les trois descriptions de terrains. Si le premier terrain décrit (A) satisfait à l'un de vos critères, marquez ce critère d'un A. Si le deuxième terrain décrit (B) satisfait à l'un de vos critères, marquez ce dernier d'un B. Procédez de même pour le troisième terrain (C).

Activité 9

Vous cherchez un(e) partenaire pour votre projet. Comparez votre projet avec ceux des autres étudiant(e)s. Trouvez un(e) partenaire qui veut travailler avec vous sur votre projet, avec qui vous voulez travailler sur son projet, ou bien dont le projet peut être combiné avec le vôtre. Soyez prêt(e)s à présenter vos idées à la classe entière.

CHEZ VOUS 2

Vous avez décidé d'écrire une lettre à votre bienfaiteur, Monsieur Jacques Prospère, pour lui expliquer vos projets. Ecrivez-lui une lettre dans laquelle vous lui communiquez:

1. quels sont vos projets

2. quelle sorte de terrain convient le mieux à vos projets

3. si vous avez trouvé un terrain convenable

4. quels sont les avantages et les inconvénients des terrains que vous avez trouvés

A L'ENTRETIEN

Avant de parler

A part les paysages extérieurs de la nature, il existe aussi des paysages intérieurs. Regardez ci-dessous le dessin d'une salle de séjour française.

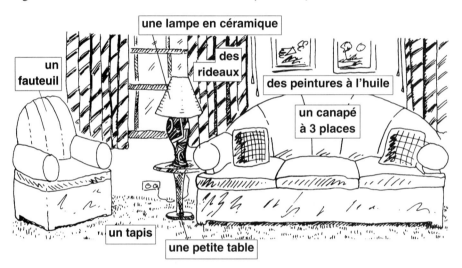

Activité 10

Complétez les phrases suivantes en vous référant à le dessin. Utilisez le vocabulaire ci-dessous.

au-dessus de / devant / sur (deux fois)

1. Les peintures à l'huile sont accrochées au mur _____ (le) canapé.

2. La petite table se trouve _____ la fenêtre.

3. Les fenêtres donnent _____ un petit jardin.

4. La lampe en céramique est posée _____ une petite table.

Activité 11

Une étudiante à l'université décrit sa salle de séjour pour son cours de français. En groupes de trois ou quatre étudiants, étudiez sa description et répondez oralement aux questions suivantes.

Version A

> La salle de séjour est un rectangle avec un petit balcon du côté ouest. Il y a un canapé rayé[1] devant une table basse en verre. Il y a un fauteuil de chaque côté du canapé à angle droit. Devant le canapé, il y a un tapis marocain. A chaque bout du canapé, il y a une petite table. Il y a une lampe en céramique sur chaque table. Il y a une peinture à l'huile sur le mur en face du canapé. On a une impression de détente et de bien-être.
>
> 1. striped

1. Y a-t-il des nouveaux mots de vocabulaire pour vous? Lesquels?

2. Quelle impression cette salle de séjour vous donne-t-elle? Donnez trois adjectifs pour décrire la salle.

3. Est-il possible de recréer l'organisation de la salle en lisant cette description? Essayez de dessiner les meubles dans le rectangle suivant.

4. Du point de vue stylistique, quelles expressions sont répétées plusieurs fois dans la description? Suggérez des changements pour éviter cette redondance de vocabulaire. Notez vos suggestions ci-dessous.

_____

_____

_____

_____

Activité 12

Lisez la révision du paragraphe et en groupe de trois ou quatre étudiants écrivez vos réponses aux questions suivantes.

Version B

> La salle de séjour, de forme rectangulaire, comprend quelques meubles simples et donne sur un petit balcon côté ouest. Un canapé rayé à tons beiges et deux fauteuils assortis sont disposés autour d'une table basse en verre. Un tapis marocain est placé devant le canapé. Une belle lampe en céramique orne chacune des deux petites tables à chaque extrémité du canapé. Une peinture à l'huile est accrochée au mur qui fait face au canapé. De la pièce émane une atmosphère de détente et de bien-être.

1. Quelles différences voyez-vous dans les deux versions?

Version A	*Version B*
_____	_____
_____	_____
_____	_____
_____	_____
_____	_____
_____	_____

2. Quel paragraphe préférez-vous? Pourquoi?

_____

_____

_____

_____

_____

_____

_____

_____

_____

Activité 13

Les psychologues, aujourd'hui, prétendent que le décor que nous créons chez nous est un reflet de notre personnalité et qu'il dévoile nos tendances profondes.

En groupes de trois ou quatre étudiants, imaginez la personne (ou les personnes) qui habite(nt) l'appartement dans lequel se trouve chacune des salles de séjour suivantes, en vous aidant des questions ci-dessous. Soyez prêt(e)s à présenter vos idées à la classe entière.

1. Pouvez-vous deviner si des enfants figurent parmi les résidents de cet appartement? Selon quels indices?

A _____   B _____

   _____   _____

   _____   _____

2. Quels adjectifs associeriez-vous à cette personne? (intellectuelle, paresseuse, etc.)

A _____   B _____

   _____   _____

   _____   _____

3. Quels intérêts est-ce qu'on peut décerner à partir de cette photo? (le sport, la lecture, etc.)

A _____   B _____

_____   _____

_____   _____

A

4. Quels objets dans la salle à manger révèlent la personnalité du résident de l'appartement?

A _____   B _____

_____   _____

_____   _____

B

Les meubles

Vocabulaire utile

des meubles de style contemporain	*contemporary*
scandinave	*scandinavian*
rustique	*rustic*
des meubles en bois	*wood*
en merisier, acajou	*cherry, mahogany*
en pin massif	*solid pine*
en chêne	*oak*
en laqué blanc, noir	*with a (white, black) lacquer finish*
un canapé uni, fleuri,	*solid color, floral pattern,*
rayé, en cuir	*striped, leather*
dans un imprimé...	*covered in a...print*
...sombre	*...dark...*
...clair	*...light-colored...*
...gai	*...lively...*
un canapé-lit	*a sofa-bed*
un fauteuil	*an armchair*
une table basse	*a coffee table*
une lampe en cuivre	*copper*
en céramique	*ceramic*
en bois	*wood*
à pied	*a floor lamp*
un lustre	*chandelier*
des étagères	*shelving*
une bibliothèque (à 5 étagères)	*a bookcase (5 shelves)*
une télévision	*a television*
un ordinateur	*a computer*
une chaîne-stéréo	*a stereo*
un miroir (mural)	*a (wall) mirror*
octagonal	*octagonal*
carré	*square*
ovale	*oval*
rectangulaire	*rectangular*
un tableau	*a painting*
une aquarelle	*a watercolor*
une peinture à l'huile	*an oil painting*
un tapis	*a rug*
une moquette	*(wall-to-wall) carpeting*

CHEZ VOUS 3

Pensez à votre chambre à l'université. Reflète-t-elle votre personnalité?

1. Nommez cinq meubles ou objets qui se trouvent dans votre chambre.

   a. _____

   b. _____

   c. _____

   d. _____

   e. _____

2. Choisissez un objet-souvenir que vous avez dans votre chambre, c'est-à-dire, un objet qui vous rappelle un moment heureux ou important de votre vie.

   _____

3. Choisissez un objet-symbole dans votre chambre: un objet qui suggère un

   aspect de votre personnalité. _____

4. Inventez une phrase pour décrire l'ambiance de votre chambre ou choisissez une phrase dans la liste ci-dessous.

   un lieu qui dégage une atmosphère de détente et de bien-être
         une atmosphère limpide où le silence est roi

   un lieu confortable et gai
      intime et chaleureux
       où l'on se sent l'envie de s'asseoir pour lire, rêver et contempler

   un lieu ensoleillé qui réjouit l'œil et le cœur

   votre phrase: _____

   _____

   _____

5. Décrivez votre chambre à l'université. Expliquez ce qui se trouve dans cette chambre (meubles, objets) et l'emplacement de ces objets. N'oubliez pas l'objet-souvenir et l'objet-symbole.

Avant d'écrire, révisez les prépositions de lieu et les verbes suivants:

à côté de / de chaque côté de / en face de / contre / dans (un coin) / au-dessus de / au-dessous de / au milieu de

se situer / se trouver / être placé / être situé / être arrangé en demi-cercle / être accroché (au mur) / être posé (sur la cheminée, la table)

A LA TACHE

Avant d'écrire

Y a-t-il des paysages qui correspondent pour vous à un certain sentiment ou état d'âme? Est-ce que certaines conditions météorologiques (le soleil, le vent, la chaleur, le froid, la pluie, la neige, etc.) provoquent chez vous un état d'âme particulier?

Avez-vous vu un film ou lu un livre dans lequel le décor semble être le reflet des émotions des personnages? Pensez aux spots publicitaires qui passent à la télévision. Le décor renforce-t-il les qualités du produit (la pureté, la fraîcheur, etc.)?

Activité 14

Regardez la publicité pour le lave-linge AEG.

1. Quels sont les éléments principaux du paysage?

_____

_____

_____

_____

_____

Lessives avec ou sans phosphates...
Avec AEG, moins de rejets, c'est moins de pollution
et plus d'économies.

Electroménager :
AEG invente "l'Eco-logis".

L'"Eco-logis", symbolise aussi bien le souci d'AEG de protéger l'environnement que la mise en œuvre de techniques permettant d'économiser l'eau et l'électricité. Aujourd'hui, un Lavamat AEG à commande "sensortronic" ne consomme que 68 l d'eau et 1,9 kWh.

Par ailleurs, un double système économique est intégré dans le lave-linge AEG. Il est basé sur une soupape spéciale située dans le carter : avant le démarrage d'un programme de lavage, cette soupape se ferme automatiquement si bien qu'aucun détergent n'est piégé dans le circuit de drainage lorsque le tambour se remplit d'eau. Résultat : la quantité de lessive utilisée est réduite de 20% et la lessive non dissoute ne s'élimine pas par le tuyau d'évacuation.

Les lave-linge AEG, sont à la pointe du progrès jusque dans les moindres détails : mis au point grâce à une collaboration constante avec les consommateurs, ils réussissent à concilier le confort d'utilisation et la durabilité tout en prenant soin de votre linge.

Des innovations importantes les rendent encore plus performants : comme les programmes "ECO" qui permettent de laver à température plus basse et en augmentant la durée de brassage ou d'adapter la quantité d'eau à la charge de linge.

Sur chaque lave-linge Lavamat AEG figure un triangle vert surmontant la mention OKO-SYSTEM d'AEG : c'est la preuve pour vous que cette machine est équipée de l'OKO-SYSTEM, garantie d'économie et d'écologie. AEG éprouvé pour durer. AEG France – 10, avenue Réaumur 92140 Clamart – Tél. : (1) 45.37.96.00.

AEG

2. Le thème de l'écologie (ou de "l'éco-logis") explique en partie le décor. Le lave-linge AEG pollue moins et consomme moins d'énergie que ses concurrents.

    a. Quels autres rapports entre le lave-linge et les éléments du paysage choisi voyez-vous?

    _____

    _____

    b. Quels rapports pouvez-vous faire entre le décor et une des images associées au produit?

    _____

    _____

Activité 15

Imaginez que vous allez filmer une série de spots publicitaires. Il faut établir un rapport entre les produits et les qualités. Faites une association de qualité à chaque produit dans la liste suivante.

Produits	*Qualités*
le savon	la pureté
un parfum	_____
une pâte dentifrice	_____
un déodorant	_____
des chaussures de sport	_____
une lessive *(laundry detergent)*	_____
un jus de fruit	_____
_____	_____
_____	_____
_____	_____

Activité 16

Choisissez trois des qualités suivantes et notez le décor (paysage extérieur ou intérieur) que vous y associez.

Qualités	*Décor*
la pureté	la neige, la plage à l'aube
la sensualité	
la paix, la sérénité	
le succès, la réussite	
la fraîcheur	
l'élégance	

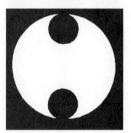   

Ecrivons!

Activité 17

Lisez le texte ci-dessous qui accompagne la publicité pour le fromage Cantal.

Le Cantal Rebelle de Nature

Le Cantal est grand de nature. Par sa taille, il reflète la générosité des paysages d'Auvergne. Le Cantal est rond de nature. Par sa jeunesse, il suggère la douceur des pâturages[1] cantaliens. Plus affiné, il offre la sérénité de ses vallées d'origine. Le Cantal est rude de nature. Par son goût dans un âge plus avancé, il exprime le caractère des massifs volcaniques. Cantal grand, Cantal rond, Cantal rude. Le Cantal, rebelle de nature.

1. pastures

1. Faites une liste des adjectifs qui se rapportent à la fois au département du Cantal (en Auvergne) et au fromage qui porte son nom.

    _____   _____

    _____   _____

    _____   _____

    _____   _____

2. Imaginez la photo qui formerait le fond de la publicité.

    a. Quels sont les éléments du paysage?

        _____

        _____

    b. A quel moment de la journée doit-on prendre la photo pour avoir le meilleur effet?

        _____

        _____

    c. Quelles couleurs sont prédominantes à ce moment de la journée?

        _____

        _____

Activité 18

Choisissez deux produits et imaginez un "paysage" (extérieur ou intérieur) pour chacun. Expliquez le rapport que vous trouvez entre les produits et les lieux que vous avez choisis. Ensuite, inventez pour votre produit un slogan qui mettra en valeur ce rapport.

MODELE A:
>   *produit* <u>un parfum</u>
>
>   *paysage* <u>une jungle parsemée de fleurs sauvages de couleurs vives; on voit les yeux luisants d'animaux sauvages cachés dans l'ombre.</u>

rapport <u>le parfum évoque l'exotisme de la jungle: riche, mystérieux et un peu dangereux</u>

slogan <u>«Séduction tropicale: la loi des fauves»</u>

MODELE B:
    produit <u>un vélo</u>

    paysage <u>le sommet d'une montagne, vue superbe sur la vallée que traverse un fleuve; jour ensoleillé, ciel bleu</u>

    rapport <u>la montagne domine la vallée; le vélo domine la compétition</u>

    slogan <u>«Un vélo qui domine la compétition»</u>

1. Premier produit

    a. produit _____

    b. paysage _____

             _____

    c. rapport _____

             _____

    d. slogan _____

2. Deuxième produit

    a. produit _____

    b. paysage _____

             _____

    c. rapport _____

             _____

    d. slogan _____

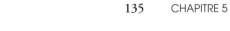

CHEZ VOUS 4

1. Choisissez un produit, situez-le dans un "paysage," établissez un rapport entre le produit et le paysage, et inventez un slogan pour votre produit.

    a. produit _____

    b. paysage _____

    _____

    c. rapport _____

    _____

    d. slogan _____

2. Préparez un spot publicitaire pour votre produit qui passera à la télévision québécoise. Décrivez en détail le décor et écrivez le texte *(script)* du spot.

CHAPITRE

6

RACONTER LE PASSE

Comment narrer les événements et décrire
les souvenirs d'autrefois

When narrating a story about the past, it is important to indicate when different events occur. Whereas the reader of a fairy tale is satisfied with the vague and formulaic beginning, "Once upon a time" (**Il était une fois**), the reader of the memoirs of someone's life will no doubt want to have the passage more precisely situated in the past. In this chapter, we will learn some different ways of speaking and writing about the past.

A LA LECTURE

Avant de lire

Activité 1

How might you situate the following events in time? By giving a year? An exact date? By relating the event to the present moment ("It was five years ago that...") or to an important event ("Three days before my 16th birthday...")?

1. the first time you fell in love

2. the first time you drove a car

3. the first time you saw snow

4. your first day at school

5. your favorite vacation

6. your first job

Expressions utiles

Dans le temps

Je me souviens que, lorsque j'étais enfant,...

Quand j'étais très jeune,...

Quand j'avais cinq ans,...

Au mois d'octobre 1985,...

Il y a cinq ans,...

Le jour de mon 16ème anniversaire,...

Activité 2

Situez les souvenirs de l'Activité 1 dans le temps. Donnez plusieurs options: votre âge à cette époque-là, la saison, le mois, l'année, un autre événement important qui sert de point de repère, etc.

1. la première fois que vous êtes tombé(e) amoureux(-euse)

   _____

   _____

2. la première fois que vous avez conduit une voiture

   _____

   _____

3. la première fois que vous avez vu de la neige

   _____

   _____

4. votre premier jour à l'école

   _____

   _____

5. vos vacances préférées

   _____

   _____

6. votre premier travail

   _____

   _____

 *Activité 3*

Quand on rapporte un événement qui se déroule sur plusieurs jours, il est important d'indiquer la chronologie des actions. Les adverbes de temps sont souvent utilisés pour clarifier l'ordre des événements.

Comparez les deux narrations suivantes et soulignez les adverbes de temps.

Narration A: le point de référence = le présent (aujourd'hui)

Le temps passe tellement vite! J'ai emménagé dans ma chambre à la résidence avant-hier et je ne connaissais personne à l'université. Je me suis inscrit à mes cours hier et j'ai rencontré deux autres nouveaux étudiants. J'ai assisté à mon premier cours aujourd'hui et j'ai rencontré plusieurs autres étudiants. Demain, j'irai à ma première fête. Je pense que cette université va me plaire!

Narration B: le point de référence = le passé (ce jour-là)

Je me souviens bien de mon premier jour de cours à la fac. J'avais emménagé dans ma chambre de résidence l'avant-veille et je ne connaissais personne. Le lendemain de mon arrivée, je me suis inscrit à mes cours et j'ai rencontré deux autres étudiants qui se sentaient aussi perdus que moi. Le premier jour de cours, j'ai rencontré plusieurs autres étudiants et nous sommes allés à une fête ensemble le jour d'après. Je savais que cette université allait me plaire!

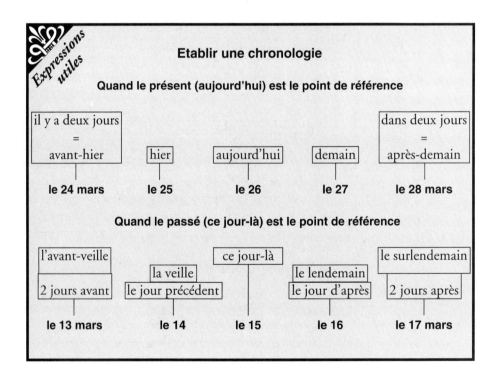

Expressions utiles

Etablir une chronologie

Quand le présent (aujourd'hui) est le point de référence

il y a deux jours = avant-hier	hier	aujourd'hui	demain	dans deux jours = après-demain
le 24 mars	**le 25**	**le 26**	**le 27**	**le 28 mars**

Quand le passé (ce jour-là) est le point de référence

l'avant-veille 2 jours avant	la veille le jour précédent	ce jour-là	le lendemain le jour d'après	le surlendemain 2 jours après
le 13 mars	**le 14**	**le 15**	**le 16**	**le 17 mars**

Activité 4

Complétez les phrases en vous référant aux expressions utiles données à la page 140.

1. Mon anniversaire, c'était le 19 novembre. La veille de mon anniversaire c'était

   donc le _____ .

2. Il est parti pour la France le 3 août. Le lendemain de son départ était donc

   le _____ .

3. La veille de Noël, c'est le _____ .

4. Nous avons quitté la France le 28 août et nous sommes arrivés au Danemark le

   30 août. Nous y sommes arrivés le _____ de notre départ.

5. Nous avons quitté la France deux jours avant d'arriver au Danemark,

   c'est-à-dire l' _____ de notre arrivée.

6. Elle est arrivée à l'université le 4 septembre et elle est allée à son premier
   cours le 5 septembre. Elle est donc allée à son premier cours le

   _____ de son arrivée.

Activité 5

Vous souvenez-vous de votre premier jour à l'école primaire? Certains disent que cette expérience peut déterminer le succès de toute une carrière scolaire.

Imaginez que vous êtes journaliste pour un journal destiné aux étudiants de français de votre université. Vous devez écrire un article sur «Le premier jour d'école». Pour l'article, vous allez interviewer plusieurs personnes qui ont réussi de manière spectaculaire dans la vie. Votre première interview sera avec une femme écrivain célèbre. Marquez d'une croix les questions que vous lui poseriez. Ajoutez trois autres questions à la liste donnée ci-dessous.

_____ 1. Quel était votre état d'esprit la veille de votre premier jour d'école?
(Est-ce que vous vouliez aller à l'école? Est-ce que vous aviez peur?
Etiez-vous inquiète? Attendiez-vous avec impatience le premier jour?)

_____ 2. Est-ce que les adultes que vous connaissiez vous ont encouragée à aller à l'école?

_____ 3. Est-ce que quelqu'un vous y a accompagnée? Est-ce que vous y êtes allée seule?

_____ 4. Comment avez-vous trouvé l'instituteur(-trice) (*elementary-school teacher*)? Etait-il (elle) sympathique, méchant(e), sévère, accueillant(e)?

_____ 5. Le lendemain de votre première rencontre avec l'instituteur(-trice), quelle idée vous êtes-vous faite de votre future vie scolaire? Croyiez-vous que vous deviendriez plus indépendante? plus heureuse? moins libre? plus intelligente?

6. _____

_____

7. _____

_____

8. _____

_____

Lisez attentivement!

Le passage suivant est tiré de l'autobiographie de Simone de Beauvoir. Lisez le passage, ensuite faites les activités qui suivent.

> Au mois d'octobre 1913—j'avais cinq ans et demi—on décida de me faire entrer dans un cours au nom alléchant[1]: le cours Désir. La directrice des classes élémentaires, Mlle Fayet, me reçut dans un cabinet solennel, aux portières capitonnées[2]. Tout en parlant avec maman, elle me caressait les cheveux. «Nous ne sommes pas des institutrices, mais des éducatrices», expliquait-elle. Elle portait une guimpe montante[3], une jupe longue et me parut trop onctueuse[4]: j'aimais ce qui résistait un peu. Cependant, la veille de ma première classe, je sautai de joie dans l'antichambre: «Demain, je vais au cours!—Ça ne vous amusera pas toujours», me dit Louise[5]. Pour une fois, elle se trompait, j'en étais sûre. L'idée d'entrer en possession d'une vie à moi m'enivrait[6]. Jusqu'alors, j'avais grandi en marge des adultes; désormais j'aurais mon cartable[7], mes livres, mes cahiers, mes tâches; ma semaine et mes journées se découperaient[8] selon mes propres horaires; j'entrevoyais[9] un

avenir qui, au lieu de me séparer de moi-même, se déposerait dans ma mémoire: d'année en année je m'enrichirais, tout en demeurant fidèlement cette écolière dont je célébrais en cet instant la naissance.

Mémoires d'une jeune fille rangée, Gallimard, 1958, pp. 31–32

1. enticing, tempting, 2. padded doors, 3. a high, stiff collar, 4. exaggeratedly friendly, 5. = Simone's nanny, 6. intoxicated me, 7. satchel, 8. would be cut out, would take shape, 9. glimpsed

Activité 6

A quelles questions de l'Activité 5 trouvez-vous des réponses dans le passage? Soulignez les réponses que vous trouvez dans le passage.

Activité 7

Simone de Beauvoir rapporte quelques paroles qui révèlent le caractère ou l'état d'âme des personnages. Souvenez-vous de votre premier jour à l'école ou imaginez ce que vous, vos parents et votre instituteur(-trice) avez dit ou auriez pu dire.

1. a. La directrice de Simone: «Nous ne sommes pas des institutrices, mais des éducatrices».

   b. Votre directrice ou institutrice: _____

   _____

2. a. Simone de Beauvoir: ... je sautai de joie dans l'antichambre: «Demain, je vais au cours!»

   b. Vous: _____

   _____

3. a. Louise: «Ça ne vous amusera pas toujours».

   b. Un adulte que vous connaissiez: _____

   _____

Activité 8

La narratrice dans ce passage indique la simultanéité de deux actions par l'expression **Tout en ...ant**. Elle aurait pu utiliser des expressions équivalentes telles que **pendant que**, **en même temps que**, etc.

1. Relevez les deux exemples de cette structure dans le passage.

2. Imaginez une action qui pourrait accompagner chacune de vos citations de l'Activité 7. Utilisez l'expression **tout en ...ant** pour indiquer la simultanéité.

MODELE:
Un adulte que vous connaissiez: «Tu aimeras bien l'école,» a dit mon oncle, <u>tout en me caressant les cheveux</u>.

Le premier jour à l'école est présenté comme un point tournant dans la vie de la narratrice:

«Jusqu'alors, j'avais grandi en marge des adultes; désormais j'aurais mon cartable, mes livres, mes cahiers, mes tâches... »
Voici d'autres expressions qui évoquent un point tournant:

Vocabulaire utile	**Les points tournants**	
	jusque-là	*until then, up to there*
	jusqu'alors	*until then*
	à l'avenir (dans un futur plus ou moins éloigné)	*in the future*
	désormais, dorénavant	*from now on, henceforth*
	désormais, dès lors, dès ce moment-là	*from that moment on*

 Activité 9

En utilisant les expressions **jusqu'alors** et **désormais** (ou un synonyme tiré du vocabulaire utile) pour représenter «l'avant» et «l'après», écrivez ce que vous avez dit ou auriez pu dire dans trois des situations suivantes. Faites attention au temps des verbes. Relisez le passage de Simone de Beauvoir avant de commencer.

1. votre premier jour à l'école

_____

_____

2. la première fois que vous avez conduit une voiture

_____

_____

3. le jour où vous avez reçu votre diplôme de fin d'études secondaires

_____

_____

4. un jour où vous avez été héroïque

_____

_____

5. une autre situation tirée de votre vie personnelle

_____

_____

CHEZ VOUS 1

Ecrivez un paragraphe où vous décrivez un moment important dans votre vie: la première fois que vous avez conduit une voiture, la première fois que vous êtes tombé(e) amoureux(-euse), le jour où vous avez choisi une profession, etc.

1. Situez votre histoire dans le temps.

2. Evoquez les paroles des personnages de votre histoire pour révéler leur caractère ou leur état d'âme.

3. Si l'expérience a marqué un point tournant dans votre vie, notez le changement (**jusqu'alors...** ; **désormais...**).

A L'ECOUTE

Avant d'écouter

Vous allez entendre un interrogatoire. Le commissaire de police Ripoux pose des questions à un certain Monsieur Leclerc, qui est soupçonné d'avoir commis un crime. Ripoux veut reconstituer l'emploi du temps de Monsieur Leclerc le jour du crime. Vous allez aider le commissaire à mettre dans l'ordre chronologique les événements de ce jour-là.

Révisez le vocabulaire du Chapitre 2 pour vous remémorer les mots ou expressions qui rendent plus claire la progression d'une suite d'événements.

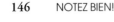 *Activité 10*

Imaginez qu'on vous a demandé d'interroger un suspect qui prétend ne parler que français. L'homme est soupçonné d'un vol à main armée (*armed robbery*). Voilà tout ce qu'il a dit:

«Je suis sorti de l'hôtel à 9h du matin pour aller au musée. Je me suis promené un peu. J'ai pris le déjeuner dans un restaurant McDonald's. Je suis rentré à l'hôtel vers 7h du soir.»

Posez-lui d'autres questions pour obtenir plus de détails sur son emploi du temps. Utilisez **avant, avant de, après** et **après avoir/être**.

1. _____

_____

2. _____

_____

3. _____

_____

4. _____

_____

Quelles autres questions devrait-on lui poser?

5. _____

_____

6. _____

_____

Ecoutons!

✦ *Activité 11*

Ecoutez l'interrogatoire. Marquez d'une croix ce que le commissaire Ripoux dit à Monsieur Leclerc concernant le vol.

____ Le pharmacien a été assassiné pendant le vol.

____ On a trouvé un foulard sur les lieux du crime.

____ On a aussi trouvé une montre sur les lieux du crime.

____ Mme Lepic, la voisine, a vu quelqu'un sortir du magasin à 19h30.

____ M. Leclerc ne doit pas quitter la ville.

✦ *Activité 12*

Ecoutez encore une fois l'interrogatoire. Ensuite, mettez dans l'ordre chronologique les actions suivantes, selon ce que dit Monsieur Leclerc au commissaire Ripoux.

____ Monsieur Leclerc est allé à la pharmacie.

____ Il est allé au travail.

____ Il a perdu son foulard.

____ Il est rentré chez lui.

____ Il a écouté de la musique classique.

____ Il est allé au restaurant.

____ Il s'est couché.

𝒜ctivité 13

Résumez la journée de Monsieur Leclerc en insistant sur l'ordre des actions qu'il accomplit. Utilisez les actions notées dans l'Activité 12 et ajoutez-y d'autres précisions données sur la cassette. Utilisez les expressions de temps telles que **puis**, **ensuite**, **avant**, **après**, etc.

_____

_____

_____

_____

_____

CHEZ VOUS 2

Imaginez ce que Mme Lepic, le témoin, a fait ce jour-là après le meurtre et le lendemain du meurtre. Réfléchissez aux questions suivantes avant d'écrire.

1. **Après le meurtre:** Mme Lepic est-elle entrée dans un café pour prendre un verre? A-t-elle téléphoné à la police? Est-elle allée au commissariat de police (*police station*)? Comment? Pouvait-elle dormir ce soir-là?

2. **Le lendemain du meurtre:** Qu'est-ce qu'elle a fait le lendemain du crime? Est-elle allée chez des amis? Est-elle restée chez elle? Est-ce qu'elle estimait que sa vie avait changé?

Après avoir situé l'histoire dans le temps, insistez sur la chronologie des événements. Utilisez les expressions utiles: **d'abord, ensuite, finalement, avant, après**, etc.

Avant de parler

Pour décrire des actions habituelles au passé, on emploie d'habitude l'imparfait. Voici d'autres moyens pour insister sur le fait qu'il s'agit de l'habitude, de la routine.

Vocabulaire utile

Les actions habituelles

toujours	*always*
tous les jours	*every day*
souvent	*often*
d'habitude	*usually*
avoir l'habitude de	*to be used to, to be in the habit of*
le lundi, le samedi, le matin, le soir, etc.	*Mondays (on Monday), Saturdays, mornings, evenings, etc.*

Activité 14

Lors des dernières vacances, vous avez eu l'occasion de poser des questions à un ami français au sujet de l'année scolaire qui venait de s'écouler. Ajoutez d'autres questions aux suivantes.

1. A quelle heure partais-tu pour le lycée le matin?

2. Combien de jours par semaine étais-tu obligé d'aller en classe?

3. _____

4. _____

5. _____

6. _____

Activité 15

Décrivez ce qu'était la vie à l'école primaire pour vous et vos amis. Mentionnez quelque chose que vous faisiez **toujours** et quelque chose que vous faisiez **souvent**.

1. Qu'est-ce que vous faisiez le matin?

   _____

   _____

   _____

2. Qu'est-ce que vous faisiez l'après-midi?

   _____

   _____

   _____

3. Qu'est-ce que vous aviez l'habitude de faire après les cours?

   _____

   _____

   _____

4. En conclusion, trouvez un adjectif pour décrire votre vie à cette époque-là.

   _____

Parlons ensemble!

Activité 16

Vous et les autres étudiants allez faire le portrait de vos habitudes et préférences quand vous étiez au lycée en les comparant avec celles d'aujourd'hui.

1. En groupes de trois ou quatre étudiants, choisissez un des sujets suivants ou inventez-en un vous-mêmes.

a. nourriture

d. votre emploi du temps

b. divertissements

e. objectifs professionnels

c. musique

f. un sujet de votre choix

2. Une fois le sujet choisi, formulez en groupe des questions à poser aux autres étudiants à ce sujet pour découvrir leurs habitudes et préférences actuelles et passées.

a. _____

b. _____

c. _____

d. _____

e. _____

3. Chaque étudiant du groupe choisira une ou deux des questions formulées par le groupe. Chaque étudiant doit sélectionner une question différente. Posez la question que vous avez choisie aux étudiants dans les autres groupes et notez les réponses.

a. Votre (vos) question(s): _____

_____

b. Réponses: _____

_____

_____

_____

4. En groupe, notez les deux ou trois réponses les plus fréquentes pour chaque question formulée pour le numéro 2 ci-dessus.

a. _____

_____

b. _____

_____

c. _____

_____

d. _____

_____

e. _____

_____

Expressions utiles

Les résultats d'un sondage

Quinze étudiants sur vingt ont
répondu que...

*Fifteen out of the twenty students
answered that . . .*

Soixante pour cent des étudiants avaient l'habitude de
se coucher avant dix heures.

la majorité des participants = la plupart des participants

une majorité écrasante

an overwhelming majority

A quelques exceptions près, les
étudiants préféraient...

*With only a few exceptions, the
students preferred . . .*

Activité 17

Comment peut-on résumer les résultats d'un sondage de façon que le lecteur (la lectrice) voie tout de suite les points les plus importants?

Résumez les résultats de l'enquête de votre groupe en vous servant des expressions utiles ci-dessus.

_____

_____

_____

_____

_____

_____

_____

_____

_____

_____

_____

CHEZ VOUS 3 ❧❧❧❧❧❧❧❧

Ecrivez un paragraphe (humoristique, si vous voulez) de six à huit phrases dans lequel vous imaginez une journée typique de l'enfance d'un homme ou d'une femme célèbre. Choisissez des activités qui ont pu aider cette personne à réussir dans sa future carrière.

Donnez une idée au lecteur de l'ordre chronologique des actions. Utilisez des expressions telles que **d'abord, ensuite, puis, finalement, avant, après**, etc. Insistez sur le fait que ce sont des actions habituelles: **toujours, souvent, tous les jours**, etc.

Choisissez votre personnage dans la liste à la page suivante ou pensez à un autre personnage célèbre:

Edith Piaf

Claude Monet

**Jeanne d'Arc
(Ingrid Bergman)**

Simone de Beauvoir
George Bush
Julia Child
Tom Cruise
Charles de Gaulle
Indira Gandhi
Mick Jagger
Louis XIV
Madonna
François Mitterrand
Claude Monet

Napoléon
Jane Pauley
Edith Piaf
Picasso
Roy Rogers
Eleanor Roosevelt
Betsy Ross
Jean-Paul Sartre
Arnold Schwarzenegger
François Truffaut
Voltaire

Charles de Gaulle

Jean-Paul Sartre

Napoléon

Voltaire

A LA TACHE

Avant d'écrire

Comment peut-on faire contraster la description d'une expérience exceptionnelle au cours d'une description de circonstances habituelles?

Souvent on introduit une notion précise de temps et on utilise une des expressions suivantes.

Vocabulaire utile

Les expériences exceptionnelles

Un jour

Un matin, Un après-midi, Un soir

C'était par un beau matin d'été

Un mercredi, etc.

Le jour de la fête, Le jour dont j'avais rêvé, etc.

Soudain

Tout à coup

Activité 18

Complétez les phrases suivantes en vous servant du vocabulaire utile ci-dessus.

1. George Bush passait ses journées à jouer au baseball. _____

   _____ , pourtant, il a décidé de lire un livre de politique. Dès ce jour-là, sa vie a changé.

2. Eleanor Roosevelt n'aimait jamais trop ses cousins. Mais ça a changé. Franklin

   est venu lui rendre visite et _____ Eleanor s'est intéressée à sa famille.

3. Picasso passait sa jeunesse à faire des dessins et à réfléchir à ce qu'il voulait

   devenir. _____ , il a eu une idée. Il deviendrait peintre puisqu'il aimait l'art!

4. Roy Rogers voulait toujours avoir un cheval. _____

   _____ est enfin arrivé. Quel bel animal!
   Mais quel nom lui donner? Silver? Black Beauty?

5. Quand il était petit, Arnold Schwarzenegger n'aimait pas aller à la plage.

   Les autres garçons se moquait de lui. _____ ,
   il s'est promis de faire de la musculation et maintenant personne ne se moque
   plus de lui.

6. _____ que François Truffaut a décidé de
   devenir metteur en scène.

Ecrivons!

Activité 19
Imaginez une situation particulière faisant contraste avec les informations
données.

MODELE:
Jeanne avait l'habitude de rentrer à la maison, de dire bonjour à son mari, de
s'asseoir à table et de dîner. Un soir, pourtant, <u>Jeanne est rentrée dans une maison</u>
<u>vide. Son mari n'était pas dans la cuisine; le dîner n'était pas prêt.</u>

1. Les Dubois allaient toujours en vacances au mois d'août. Néanmoins, un été,

   _____

   _____ .

2. Bien que je sois d'habitude assez courageux(-euse), un soir, _____

   _____ .

3. D'habitude, je suis assez calme; je ne me mets pas souvent en colère. Pourtant,

   un beau jour d'été, _____

   _____ .

4. Il faisait une chaleur infernale cet été-là, mais un après-midi, malgré la chaleur

_____

_____ .

5. En dépit de ce que mes parents m'avaient dit, un soir _____

_____ .

6. Lorsque j'étais enfant, j'adorais les romans d'aventure. Un jour, comme dans

les romans, _____

_____ .

CHEZ VOUS 4

Racontez une expérience exceptionnelle. Intitulez votre travail «Un jour pas comme les autres».

1. Choisissez un des sujets suivants:
   a. Décrivez la première fois que vous...
   b. Relatez un moment où vous avez eu très peur.
   c. Evoquez votre plus beau souvenir ou inventez un moment de bonheur que vous auriez aimé vivre dans le passé.

2. Situez de façon générale votre histoire dans le temps. Décrivez la situation: Où étiez-vous? Qu'est-ce que vous faisiez d'habitude à cette époque-là? Qu'est-ce que vous faisiez juste avant le moment exceptionnel?

3. Situez votre moment exceptionnel dans le temps: **un jour, un soir, le jour de la fête, tout à coup**, etc.

4. Contrastez la situation habituelle avec ce moment exceptionnel: **tandis que, pourtant, cependant, au contraire**, etc.

5. En conclusion, expliquez en une phrase ou deux pourquoi ce moment est important pour vous.

7

EN PRESENTANT LES FAITS

Comment parler des chiffres

It is always fascinating to examine the attitudes and behaviors of a society in order to better understand its people. It is important, however, to be able to distinguish the presentation of facts from their interpretation. Statistics are a powerful way to present a lot of information rapidly and concisely. Sometimes, writers use statistics to support a point they are trying to make. Other times, writers try to keep a neutral tone, leaving interpretation of the data to the reader. In this chapter, we will explore various ways to present facts and figures.

A LA LECTURE

Avant de lire

 Activité 1

What common expressions are used to talk about numbers and statistics? Add six expressions in English. Then read the passage that follows, paying special attention to the way statistics are presented.

1. <u>the majority of Americans</u>   5. _____

2. <u>three out of four people</u>   6. _____

3. _____   7. _____

4. _____   8. _____

Le Journal Français d'Amérique est un journal bimensuel publié aux Etats-Unis pour les francophiles. Ce journal s'adresse à tous ceux qui s'intéressent aux informations concernant la France, l'histoire française et les événements culturels français—concerts, expositions d'art, etc.—qui ont lieu aux Etats-Unis. Ce journal met l'accent sur la culture contemporaine et les changements que subit la France actuellement.

    Chaque numéro nous offre des faits et des chiffres inattendus sous la rubrique «Saviez-vous que...». Par exemple:

Saviez-vous que... ?

Les supermarchés sont pour 51% des Français le lieu le plus fréquenté pour faire les courses. Phénomène tout nouveau puisque jusqu'en 1987, c'est le petit commerce qui assurait 51% des ventes alimentaires.

61% des Français payeraient volontiers un impôt pour l'environnement et 83% d'entre eux se disent très concernés par les problèmes écologiques et souhaitent une présence accrue des «verts» dans le gouvernement. Les femmes sont légèrement plus préoccupées (84%).

Avec 55% de foyers possédant un animal familier les Français détiennent le record d'Europe de la catégorie. Ces bébêtes se répartissent ainsi: 10 millions de chiens (un foyer sur trois), 7 millions de chats (un sur quatre), 3 millions d'oiseaux (un sur dix), 2 millions de lapins, hamsters, singes, tortues, canards, etc.

Le Journal Français d'Amérique 1990–91

 Activité 2

Répondez oralement aux questions suivantes d'après ce que vous venez de lire.

Les supermarchés...

1. A votre avis, quels changements récents dans la société française pourraient expliquer ce phénomène?

2. Les petits commerces sont-ils démodés pour les consommateurs des années 90?

61% des Français...

1. A votre avis, est-ce que les Américains payeraient volontiers un impôt pour l'environnement? Pourquoi ou pourquoi pas?

2. Y a-t-il une présence «verte» dans la politique américaine? Jusqu'à maintenant, les gens les plus engagés, les plus connus pour leurs efforts de sauvegarder l'environnement se trouvent dans quels métiers?

Avec 55% de foyers...

1. Qu'est-ce qui vous a surpris dans ces chiffres?

2. Quels sont les animaux familiers les plus populaires aux Etats-Unis?

Activité 3

Lisez l'article suivant au sujet des vacances des Français. Encerclez les expressions employées pour présenter les données numériques.

Grandes vacances

56% des Français sont partis en vacances au cours de l'été 1989.

Le taux de départ en vacances s'était considérablement accru jusqu'au milieu des années 80 (plus un tiers en vingt ans). Les différences sociales sont marquées. Les cadres supérieurs et membres des professions libérales sont proportionnellement trois fois plus nombreux à partir que les agriculteurs et deux fois plus que les retraités. Les habitants des grandes villes (surtout Paris et son agglomération) partent plus que ceux des petites agglomérations. Les personnes âgées de 50 ans et plus partent moins que les plus jeunes.

Malgré l'accroissement[1] du taux de départ en vacances, près de la moitié des Français restent chez eux. Certains parce qu'ils hésitent à se mêler à la foule[2] des vacanciers, d'autres parce qu'ils ont des travaux à faire, un autre métier à exercer, d'autres encore parce qu'ils n'ont pas les moyens financiers suffisants.

Destination soleil

La grande majorité des vacanciers restent fidèles à l'Hexagone, bien que le nombre des séjours à l'étranger augmente faiblement. La mer, et son complément naturel, le soleil, ont de plus en plus la préférence des Français.

87% des vacanciers sont restés en France en 1989.

Cette très forte proportion ne varie guère[3] dans le temps, malgré la baisse des prix des transports aériens. Elle est très supérieure à celle que l'on mesure dans d'autres pays.

On peut voir trois raisons à ce phénomène. La première est la richesse touristique de la France, avec sa variété de paysages et son patrimoine culturel. La seconde est le caractère plutôt casanier[4] et peu aventurier des Français. Enfin, les contraintes financières ont pesé d'un poids croissant au cours des années 80, avec la stagnation ou parfois la régression du pouvoir d'achat, et l'accroissement récent des inégalités de revenus.

En 1989, 46% des séjours ont été effectués à la mer.

L'image symbolique de la mer baignée de soleil reste fortement ancrée dans l'inconscient collectif. Pourtant, les Français en connaissent bien les inconvénients estivaux: difficulté d'hébergement[5], inflation des prix, omni-présence de la foule.... C'est pourquoi ils se tournent plus volontiers vers les régions intérieures, plus accessibles, qui gagnent à être connues.

Les séjours à la campagne et à la montagne sont en régression; ils ne représentaient respectivement que 22% et 13% des séjours. La campagne intéresse surtout les ménages urbains les plus modestes et les retraités.

13% des vacanciers sont allés à l'étranger.

Un vacancier Français sur huit seulement se rend à l'étranger. C'est très peu par rapport aux autres Européens: 64% des Néerlandais, 60% des Allemands, 56% des Belges, 51% des Irlandais, 44% des Danois et 35% des Anglais partent en vacances dans un autre pays.

Le taux de départ à l'étranger est tout de même passé de 10,3% à 13,4% en dix ans. Mais comme certains partent plusieurs fois, 19% des séjours se déroulent à l'étranger. Il est plus élevé chez les jeunes de 14 à 24 ans, ainsi que chez les adultes de 40 à 50 ans, les Parisiens, les cadres et les patrons. Le taux élevé des ouvriers non qualifiés s'explique par les voyages d'immigrés dans leur pays d'origine.

Francoscopie 1991

1. despite the increase, 2. crowd, 3. hardly (scarcely) varies, 4. stay-at-home, homebody, 5. lodging

Un été 89

Evolution du taux de départ en vacances d'été et de la durée des séjours :

	1965	1970	1980	1981	1982	1983	1984	1985	1986	1987	1988	1989
• Taux de départ (%)	41,0	44,6	53,3	54,3	54,5	55,2	53,9	53,8	54,1	54,2	55,5	56,5
• Proportion de séjours à l'étranger (%)	-	-	16,5	17,1	17,1	14,9	16,9	16,7	18,5	18,0	19,0	19,0
• Durée moyenne de séjours (jours)	27,2	27,3	24,9	24,8	24,8	24,7	24,7	24,6	24,0	23,5	23,4	23,3

Taux de départ en été 1989, selon la catégorie socioprofessionnelle et le lieu de résidence (%) :

Catégorie socioprofessionnelle	1989	Commune de résidence	1989
• Exploitants et salariés agricoles	29,3	• Commune rurale	44,8
• Patrons de l'industrie et du commerce	56,8	• Agglomération (hors parisienne)	56,9
• Cadres supérieurs et professions libérales	85,4	• Agglomération parisienne (hors Paris)	75,6
• Cadres moyens	76,8	• Ville de Paris	76,6
• Employés	63,2		
• Ouvriers qualifiés, contremaîtres	54,5	**Ensemble de la population**	**56,5**
• Ouvriers non qualifiés	43,6		
• Retraités	40,3		
Ensemble de la population	**56,5**		

Répartition des journées de vacances d'été 1989 selon le mode d'hébergement et l'endroit (%) :

Hébergement	1989	Lieu	1989
• Résidence principale (parents, amis)	27,3	• Mer	37,4
• Tente et caravane	19,9	• Campagne	20,0
• Location	16,6	• Montagne	8,5
• Résidence secondaire	14,0	• Ville	6,3
• Résidence secondaire (parents, amis)	10,1	• Autres	27,8
• Hôtel	4,9		
• Village de vacances	4,9	**Total**	**100,0**
• Auberge de jeunesse et autres	2,3		
Total	**100,0**		

INSEE

Les chiffres

Pour indiquer les proportions

la moitié, un tiers, un quart	*half, a third, a quarter*
trois fois plus nombreux	*three times more numerous*
un vacancier sur huit	*one out of eight vacationers*
la majorité, la plupart	*the majority, most*
la grande majorité	*the great majority*
un fort (faible) pourcentage	*a high (low) percentage*
une très forte proportion	*a very strong proportion*
en proportion de	*in proportion to*
proportionnellement	*proportionately*
par rapport à	*in comparison with, in relation to, with respect to*
le taux de (départ)	*the rate of (departure)*

Pour indiquer une augmentation

l'accroissement (*m.*)	*growth*
augmenter (de)	*to increase (by)*
un nombre croissant de	*an increasing number of*
une quantité croissante de	*an increasing quantity of*
être considérablement accru(e)	*to be considerably increased*
être supérieur(e) à	*to be superior to*
de plus en plus	*increasingly*
davantage (*adv.*)	*more*

Pour indiquer une absence de changement ou une diminution

la stagnation	*stagnation*
la baisse	*fall*
l'abaissement (*m.*)	*lowering*
un nombre décroissant	*a decreasing number*
décroître, diminuer	*to decrease*
être en (voie de) régression	*to be on the decline/decrease, to be declining or decreasing*
de moins en moins	*less and less*

Activité 4

Etudiez attentivement les chiffres présentés au sujet des séjours à l'étranger des Français. Ecrivez un exposé qui présente les faits en vous référant au vocabulaire utile à la page 164. N'hésitez pas à vous inspirer de l'article précédent en le relisant.

Un départ sur huit, un séjour sur cinq à l'étranger

Part des vacances d'été à l'étranger (en %) :

	1977	1986	1989
• Taux de départ à l'étranger	10,4	12,0	13,4
• Part des séjours à l'étranger	18,0	18,5	19,0
dont dans famille proche	*6,0*	*7,5*	*7,1*

Cap au sud

Répartition des séjours de vacances d'été 1987 à l'étranger, par groupe de pays (en %) :

	1989	1977
• Andorre, Espagne, Portugal	35,9	38,7
• Algérie, Maroc, Tunisie	15,2	9,1
• Italie	9,4	15,3
• Grèce, Monaco, Turquie, îles méditerranéennes	6,9	3,8
• Îles Britanniques	5,2	7,2
• Yougoslavie	1,8	2,1
• Europe de l'Ouest (autres pays)	13,6	13,4
• Europe de l'Est (y compris URSS)	2,0	2,6
• Pays lointains	7,9	5,9
• Autres circuits	2,1	1,9

Faites un bref exposé des résultats du sondage «Rose ou noir?» dans lequel vous soulignez les aspects les plus importants. Ecrivez au moins cinq phrases.

Rose ou noir ?

Êtes-vous d'un tempérament plutôt optimiste ou plutôt pessimiste ?

	Plutôt optimiste	Plutôt pessimiste	Ne se prononcent pas
Ensemble	68	27	5
Sexe			
Homme	72	23	5
Femme	64	30	6
Age			
Moins de 35 ans	73	24	3
35 ans et plus	64	29	7
Profession du chef de famille			
profession libérale, cadre supérieur	73	23	4
Technicien, employé, cadre moyen	68	29	3
Ouvrier	68	28	4
Inactif	63	27	10
Agriculteur	75	20	5

Sondage Ipsos-Le Point réalisé du 23 au 26 octobre 1989 auprès d'un échantillon national représentatif de 900 personnes âgées de 15 ans et plus.

_____

_____

_____

_____

_____

_____

_____

_____

_____

_____

CHEZ VOUS 1

Regardez attentivement les chiffres présentés et les graphes qui les accompagnent. Pour chacune des catégories indiquées ci-dessous, écrivez deux phrases qui soulignent les faits importants relatés par les chiffres et les graphes.

MODELE: âge
<u>Une forte proportion des Français sont âgés de 20 à 64 ans.</u>

1. habitants _____

_____

2. âge _____

_____

Quelques chiffres pour planter le décor

56,5 millions d'habitants en Métropole

dont 4,1 millions
d'étrangers
(estimation)

+ 1,9 million de Français
dans les DOM-TOM

+ 1,5 million de Français
à l'étranger

21,1 millions de ménages

11,3 millions d'enfants
de 0 à 15 ans
(taux de fécondité : 1,81)

10,6 millions de 60 ans
ou plus

51,3 %   48,7 %

AGE

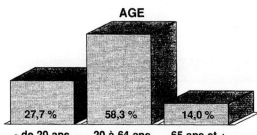

27,7 %   58,3 %   14,0 %

- de 20 ans   20 à 64 ans   65 ans et +

STATUT

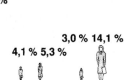

59,9 % 54,7 %

33,0 % 26,0 %

3,0 % 14,1 %

4,1 % 5,3 %

| Mariés 47,7 % | Célibataires 42,6 % | Divorcés 2,6 % | Veufs 7,1 % |

HABITAT

56 % habitent
une maison

44 % habitent
un appartement

COMMUNES

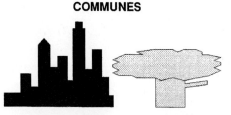

73,3 % dans des
communes urbaines
(8,7 millions agglom. parisienne)

26,7 % dans des
communes rurales

ACTIVITÉ (15 ans et plus)

Salaire
net moyen
en 1989 :
104 700 F
(secteurs
privé et
semi-public)

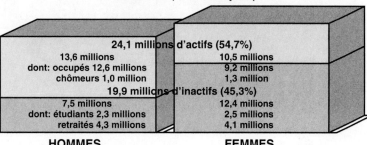

24,1 millions d'actifs (54,7%)

13,6 millions
dont: occupés 12,6 millions
chômeurs 1,0 million

10,5 millions
9,2 millions
1,3 million

19,9 millions d'inactifs (45,3%)

7,5 millions
dont: étudiants 2,3 millions
retraités 4,3 millions

12,4 millions
2,5 millions
4,1 millions

HOMMES   FEMMES

Taux
d'épargne
1989 :
12,7 %
du revenu
disponible
brut

3. statut _____

_____

4. habitat _____

_____

5. communes _____

_____

6. activité _____

_____

A L'ECOUTE

Avant d'écouter

 Activité 6

Lorsqu'on écrit un exposé pour présenter les résultats d'une enquête par sondage, plusieurs expressions permettent d'éviter un style banal et redondant. Lisez le texte à la page 169.

Les Français sur le vif

SAVIEZ-VOUS QUE. . . ?

Saviez-vous que...?

77% des Français et 74% des Françaises se disent assez adroits lorsqu'ils bricolent ou se livrent à de menus travaux manuels. Seuls 14% des hommes et 18% des femmes avouent qu'il leur arrive de se taper malencontreusement[1] sur les doigts lorsqu'ils utilisent un marteau.

45% des Français pensent que le gouvernement doit réellement prendre des mesures nécessaires à la défense de l'environnement. Mais 49% font davantage confiance aux municipalités en ce domaine.

Les Etats-Unis d'Europe seront constitués d'ici l'an 2000, estiment 57% des Français interrogés.

40% des Français restent réfractaires au[2] petit déjeuner. Si 28% d'entre eux s'adonnent aux plaisirs du «brunch» le week-end, 12% refusent obstinément de se mettre à table avant midi et ne se laisseront tenter, à la rigueur, que par une tasse de café noir.

Le Journal Français d'Amérique, 1990-91

71% des Français de 15 ans et plus avouent n'avoir jamais assisté à un concert de musique classique. 55% ne sont jamais allés au théâtre.

Francoscopie 1991

---

1. inopportunely, unfortunately 2. resistant to

Faites une liste de cinq expressions employées dans les passages précédents qui peuvent être utiles pour décrire les opinions des autres.

1. <u>74% des Françaises se disent</u>   4. _____

2. _____   5. _____

3. _____   6. _____

Vocabulaire utile

Les opinions

Pour attribuer une idée ou une opinion à un certain individu ou à un groupe d'individus

d'après les Français	*according to the French*
d'après ce qu'il (elle) dit	*according to what he (she) says*
être de l'avis	*to be of the opinion*
chez les sympathisants	*among sympathizers (supporters)*
du point de vue de	*from the point of view of*
pour lui, elle	*for him, her*
selon	*according to, in the opinion of*

Pour montrer l'accord, l'approbation ou l'appui

applaudir à quelque chose	*to applaud something*
applaudir quelqu'un	*to applaud, commend someone*
approuver	*to agree with, to approve of*
appuyer	*to support, to back up*
avouer	*to admit, confess, acknowledge*
se déclarer pour	*to declare oneself for*
se déclarer en faveur de	*to profess oneself in favor of, to come out in favor of*
estimer	*to esteem, to hold in high esteem, to respect, to regard highly*
estimer que	*to consider*
s'estimer	*to consider oneself*
être d'accord avec	*to be in agreement with, to agree*
être pour	*to be for, in favor of*
juger bon, utile, nécessaire, désirable	*to consider something good, useful, necessary, desirable*
trouver bon, louable	*to find (or consider) something good, praiseworthy*

Vocabulaire utile

Les opinions (suite)

Pour montrer l'indécision

être indécis(e)	*to be undecided*
être incertain(e)	*to be uncertain*
être partagé(e)	*to be divided*
l'opinion est partagée	*opinion is divided*

Pour montrer le désaccord, la désapprobation ou un manque d'appui

s'acharner contre	*to attack relentlessly*
attaquer	*to attack*
blâmer	*to blame*
condamner	*to condemn*
critiquer	*to criticize*
se déclarer contre	*to declare oneself against, to come out against*
désapprouver	*to disagree or disapprove*
être contre	*to be against, not in favor of*
juger mauvais, inutile	*to consider something a bad thing, inadvisable, useless*
trouver médiocre, mauvais, nuisible, dangereux	*to find something mediocre, bad, hurtful, dangerous*

Activité 7

Lisez l'article suivant, puis donnez ci-dessous un synonyme pour chaque expression en italique.

Droit de vote aux immigrés: les Français désapprouvent

53% des Français *approuvent* la décision du Parti Socialiste de renoncer à défendre dans l'immédiat le principe du droit de vote des étrangers pour les élections locales, alors que 30% *s'estiment* favorables au droit de vote pour les immigrés. La décision du Parti Socialiste rencontre une approbation[1] de 63% au RPR[2] et 78% à l'UDF[3] ainsi que 74% chez les sympathisants du Front National. Chez les sympathisants du Parti Communiste, seulement 30% *sont d'accord* avec la décision du PS contre 58% qui *s'affirment* pour le droit de vote des immigrés. Les Verts *sont partagés*: 47% suivent l'avis du PS contre 42%.

Journal Français d'Amérique

---

1. approval 2. Rassemblement pour la République 3. Union pour la Démocratie Française

1. approuvent—

2. s'estiment—

3. sont d'accord—

4. s'affirment—

5. sont partagés—

Activité 8

Lisez la statistique alarmiste qui suit, ensuite répondez aux questions. Comparez vos réponses et vos expériences avec celles de vos camarades de classe.

> Un quart des Français ne lisent jamais de livres. 13% n'en possèdent aucun.
>
> *Francoscopie 1991*

1. Combien de livres lisez-vous par mois, sans compter les livres scolaires?

   _____

2. Quelle(s) sorte(s) de livres préférez-vous lire?

   _____

   _____

3. Dans les 12 derniers mois, combien de livres est-ce que vous avez achetés?

   _____

4. Combien de fois dans les 12 derniers mois est-ce que vous avez emprunté des livres à la bibliothèque (sans compter les livres nécessaires pour les devoirs scolaires)?

   _____

5. Combien de livres y a-t-il en ce moment chez vous?

   _____

6. Lisez-vous des revues régulièrement? Combien?

   _____

   _____

7. Lisez-vous un quotidien tous les jours? Lequel?

   _____

Activité 9

Vous allez écouter une présentation au sujet des habitudes des Français à l'égard de la lecture. Prenez des notes, et faites surtout attention aux chiffres importants.

La lecture n'est plus à la page

Les Français lisent moins qu'il y a vingt ans. Une baisse qui va de pair avec la désaffection pour les salles de théâtre, de concert et de cinéma. Inquiétant.

Philippe Goddard,
correspondant parisien pour *Le Journal Français d'Amérique*, mai 1991

Les faits et les chiffres

_____

_____

_____

_____

_____

A qui la faute?

_____

_____

_____

_____

CHEZ VOUS 2

A partir de vos notes (Activité 9), faites un petit résumé de ce que vous avez entendu. Citez des chiffres précis et décrivez les influences qui peuvent avoir contribué au phénomène décrit.

A L'ENTRETIEN

Avant de parler

Activité 10

Indiquez si vous participez aux activités suivantes en écrivant **oui** ou **non** devant chaque description.

_____ 1. regarder la télé tous les jours ou presque

_____ 2. recevoir des parents ou des amis pour un repas au moins une fois par mois

_____ 3. être reçu(e) par des parents ou des amis pour un repas au moins une fois par mois

_____ 4. lire une revue ou un magazine régulièrement

_____ 5. avoir visité un salon ou une foire-exposition dans l'année

_____ 6. sortir le soir au moins une fois par mois

_____ 7. aller au restaurant au moins une fois par mois

_____ 8. avoir visité un musée dans l'année

_____ 9. avoir visité un monument dans l'année

_____ 10. faire de la couture ou du tricot de temps en temps

_____ 11. danser au moins cinq ou six fois par an

_____ 12. écouter la radio tous les jours ou presque

_____ 13. fréquenter régulièrement au moins une association

_____ 14. faire une collection

_____ 15. jouer aux cartes ou à d'autres jeux de société chaque semaine ou presque

_____ 16. jouer de la musique régulièrement ou occasionnellement

_____ 17. faire de la mécanique de temps en temps

_____ 18. aller au cinéma au moins une fois par mois

_____ 19. lire au moins un livre par mois

_____ 20. jardiner tous les jours ou presque à la belle saison

_____ 21. aller au cinéma chaque semaine ou presque

_____ 22. aller au théâtre au moins une fois par an

_____ 23. aller au café au moins une fois par semaine

_____ 24. assister à une épreuve sportive au moins cinq fois par an

_____ 25. lire un quotidien tous les jours ou presque

Francoscopie 1991

Parlons ensemble!

Activité 11

Un(e) étudiant(e) différent(e) énonce tout haut chacune des 25 activités de l'Activité 10. Pour chaque énoncé, les étudiants de la classe indiquent qu'ils participent à l'activité en question en levant la main. Deux étudiants comptabilisent les réponses positives (indiquées par les mains levées): un(e) étudiant(e) relève ces nombres pour les participants de sexe féminin, l'autre étudiant(e) pour ceux de sexe masculin. En petits groupes, calculez les pourcentages de réponses positives par sexe pour chaque activité.

Activité 12

Répondez oralement aux questions suivantes selon les statistiques que vous avez obtenues dans l'Activité 11.

1. Pour quelle activité la participation est-elle la plus importante?

2. Pour quelle activité la participation est-elle la moins importante?

3. Y a-t-il des résultats que vous trouvez étonnants?

4. Est-ce qu'il y a de grandes différences entre les réponses des étudiants et celles des étudiantes?

Avant d'écrire

 Activité 13

Indiquez votre opinion à l'égard des affirmations proposées en inscrivant devant chacune d'elles le numéro qui correspond au degré de votre réaction. Ensuite lisez les réactions des Français.

1 = pas du tout d'accord

2 = pas tellement d'accord

3 = peut-être d'accord

4 = bien d'accord

5 = entièrement d'accord

_____ Dieu existe.

_____ On doit se sacrifier pour la patrie.

_____ La famille doit rester la cellule de base de la société.

_____ On ne devrait plus se marier.

_____ Il faut respecter les convenances.

_____ On doit lutter énergiquement contre la pornographie.

_____ Il ne faut pas hésiter à s'endetter.

_____ Il est nécessaire de censurer certains livres.

_____ La libération de la femme est une très bonne chose.

_____ On n'apprend plus rien à l'école.

_____ Il faut toujours «acheter américain».

_____ On abuse du droit de grève.

_____ Il faut garder la peine de mort.

_____ Le haschisch devrait être en vente libre.

_____ Les étrangers vivant aux Etats-Unis doivent avoir le droit de vote aux municipales.

Les Français ont répondu à des affirmations similaires aux affirmations ci-dessus. Leurs réactions ont été notées par tranche d'âge afin de mesurer les valeurs et les attitudes des générations différentes.

Mode de lecture: Le chiffre indiqué pour chaque tranche d'âge représente la note moyenne obtenue en donnant le poids suivant aux réponses possibles à l'affirmation proposée:

1 = pas du tout d'accord	4 = bien d'accord
2 = pas tellement d'accord	5 = entièrement d'accord
3 = peut-être d'accord	

Plus la note moyenne se rapproche de 5, plus elle correspond à un accord marqué de la part de la tranche d'âge correspondante.

Les valeurs et le nombre des années

Réactions par tranche d'âge à certaines affirmations proposées :

	18-24 ans	25-34 ans	35-49 ans	50-64 ans	65 ans et +
• Dieu existe	2,76	2,68	3,21	3,48	3,72
• On doit se sacrifier pour la patrie	2,17	1,97	2,42	2,77	3,20
• La famille doit rester la cellule de base de la société	3,95	3,95	4,37	4,39	4,46
• On ne devrait plus se marier	2,46	2,57	2,41	2,02	1,80
• Il faut respecter les convenances	3,57	3,63	3,97	4,18	4,41
• La libéralisation de l'avortement est une bonne chose	3,66	3,85	3,53	3,17	2,76
• On doit lutter énergiquement contre la pornographie	2,83	2,58	3,14	3,63	3,98
• Il est nécessaire de censurer certains livres	2,18	2,31	2,68	3,22	3,63
• Il ne faut pas hésiter à s'endetter	2,29	2,43	2,40	2,15	1,99
• La libération de la femme est une très bonne chose	4,16	4,21	4,18	3,92	3,86
• On n'apprend plus rien à l'école	2,50	2,71	2,78	2,85	3,07
• Il faut toujours acheter français	2,73	2,90	3,42	3,53	4,05
• On abuse du droit de grève	2,78	2,80	3,19	3,47	3,53
• Il faut rétablir la peine de mort	3,15	3,26	3,53	3,70	3,84
• Le haschisch devrait être en vente libre	2,03	1,86	1,53	1,31	1,27
• Les étrangers vivant en France doivent avoir le droit de vote aux municipales	2,67	2,67	2,25	2,09	1,82

Agoramétrie, Les Structures de l'opinion (étude annuelle), 1985.

Seniorscopie 1987

Activité 14

En groupes de trois ou quatres personnes comparez les résultats du sondage américain avec ceux du sondage français. Quelles sont les similarités? les différences principales? Notez au moins trois différences et similarités.

Similarités

1. _____

2. _____

3. _____

Différences

1. _____

2. _____

3. _____

CHEZ VOUS 3

Faites une présentation objective des résultats obtenus dans la version française de cette enquête. Choisissez huit affirmations et écrivez un exposé de 16 phrases en vous référant au vocabulaire utile présenté dans le chapitre. Faites attention de ne pas mélanger l'interprétation des réponses avec la présentation des faits et des chiffres.

Avant d'écrire

Activité 15

En petits groupes de trois ou quatre personnes, répondez oralement aux questions suivantes.

1. Quels sujets de débat est-ce qu'on trouve dans votre journal local?

2. Quels sont les sujets dont on parle à votre université? Sur lesquels l'opinion est-elle partagée?

3. Y a-t-il un besoin pressant pour de nouvelles résidences universitaires? pour un parking?

4. Est-ce que les frais de scolarité augmentent sans cesse?

5. Les étudiants prennent-ils part aux décisions financières qui les concernent?

Ecrivons!

Activité 16

Vous allez créer votre propre enquête par sondage. Les participants de votre sondage seront les étudiants de votre université. Suivez l'un des deux modèles que vous avez déjà étudiés dans ce chapitre.

Modèle 1 (à la page 183)

Faites une liste de 10 questions (oui/non) au sujet d'une activité spécifique—par exemple, la musique, les sports, les études, etc. Quelles sont les préférences, la fréquence de participation, etc.? (Voir l'Activité 10.)

Modèle 2 (à la page 184)

Faites une liste de 10 affirmations qui concernent les étudiants de votre université. N'oubliez pas d'inclure dans le sondage le système suivant:

1 = pas du tout d'accord

2 = pas tellement d'accord

3 = peut-être d'accord

4 = bien d'accord

5 = entièrement d'accord

à noter: Il est essentiel de noter deux facteurs pour chaque personne que vous interrogez pour votre sondage:

1. s'il s'agit d'une femme ou d'un homme

2. s'il s'agit d'un *freshman*, d'un *sophomore*, d'un *junior* ou d'un *senior*

Activité 17

Pendant une période de temps fixée par votre professeur, circulez parmi vos camarades de classe en leur posant vos questions et en répondant aux leurs. Notez les réponses. Essayez de parler avec autant de personnes possibles dans le temps prévu.

CHEZ VOUS 4

Utilisez le sondage que vous avez créé dans l'Activité 16. Enquêtez maintenant auprès de vos amis et d'étudiants (hommes et femmes) du campus de tous les niveaux possibles (*freshman, sophomore,* etc.). Il sera probablement nécessaire de préparer une version anglaise du sondage pour obtenir les réponses des personnes qui ne parlent pas français. Questionnez un minimum de 20 étudiants.

Après avoir obtenu les données (*data*), faites une présentation des résultats. Ecrivez un paragraphe à la fin de votre présentation dans lequel vous essayez de justifier les résultats que vous avez obtenus.

(Sondage Modèle 1)

Je suis _____ femme _____ homme

Je suis _____ freshman _____ sophomore _____ junior _____ senior

Répondre aux questions suivantes par **oui** ou **non**.

_____ 1. _____

_____

_____ 2. _____

_____

_____ 3. _____

_____

_____ 4. _____

_____

_____ 5. _____

_____

_____ 6. _____

_____

_____ 7. _____

_____

_____ 8. _____

_____

_____ 9. _____

_____

_____ 10. _____

_____

(Sondage Modèle 2)

Je suis _____ femme _____ homme

Je suis _____ freshman _____ sophomore _____ junior _____ senior

Indiquez votre opinion sur les affirmations proposées en inscrivant le numéro qui convient en face de chacune d'elles.

1 = pas du tout d'accord

2 = pas tellement d'accord

3 = peut-être d'accord

4 = bien d'accord

5 = entièrement d'accord

_____ 1. _____

_____

_____ 2. _____

_____

_____ 3. _____

_____

_____ 4. _____

_____

_____ 5. _____

_____

_____ 6. _____

_____

_____ 7. _____

_____

_____ 8. _____

_____

_____ 9. _____

_____

_____ 10. _____

_____

CHAPITRE

8

POUR OU CONTRE?

Comment exprimer une opinion

Among the many critically important issues facing our world as we head into the twenty-first century, none may be more crucial than the deteriorating condition of the environment. Unless immediate steps are taken to prevent further depletion of natural resources and to reverse the destruction that has already taken place, all inhabitants of the planet Earth face an uncertain future.

People hold different opinions about the extent of the damage that has been done to the environment and the value of the trade-offs that we have made with the environment in the name of progess. In this chapter, we will learn ways of expressing our opinions on environmental issues and responding to the opinions of others.

A LA LECTURE

| Avant de lire |

Activité 1

In English, list five environmental issues currently in the news. Rank them in a way that reflects your personal opinion or sense of priority about which are most critical.

1. _____

2. _____

3. _____

4. _____

5. _____

Activité 2

For each environmental topic you listed above, write one sentence that summarizes the problem.

1. _____

2. _____

3. _____

4. _____

5. _____

> ## Lisez attentivement!

Activité 3

Lisez l'article de *L'Express* et soulignez les problèmes écologiques mentionnés dans le texte.

Menaces sur la Terre: le vrai, le faux

Apocalypse now. Cette fois, ce n'est plus du cinéma. Depuis six mois, une rumeur s'étend sur toute la planète: l'humanité ne survivra pas aux dégâts qu'elle fait subir à la Terre. Elle est l'artisan de sa propre destruction. A court terme. Résultat: l'écologie, hier affaire des militants, devient l'affaire de tous. Les hommes politiques s'en emparent[1], réunissent colloques et conférences. Cette mobilisation générale, sur fond de catastrophisme, pose plus de questions qu'elle n'offre de réponses. Marée noire[2] ici, déchirure d'ozone[3] là. On se demande si la fin du monde est pour demain ou pour plus tard. A force de mettre tous les sujets au même niveau—le pire—on finit par tout mélanger.

Depuis cinquante ans, le développement technologique a amélioré le confort des hommes. Mais il a aussi bouleversé les grands équilibres planétaires. Et perturbé cet organisme géant—la Terre—où chaque être vivant jouait son rôle—prédateur et proie à la fois—depuis des millénaires.

Les mers, où naquit la vie, océans immenses qui nourrissent les hommes et absorbent leurs déchets, sont malades, c'est sûr. Mais jusqu'à quel point et où? Le climat, qui a façonné l'agriculture et le mode de vie de milliards d'êtres humains, est-il en train de se modifier? Quelles certitudes a-t-on au sujet de ce trou dans l'ozone qui déchire le dôme protecteur de l'atmosphère? Sait-on combien d'espèces animales ou végétales disparaissent? Combien d'êtres humains la Terre peut-elle supporter? Quelles sont les vraies conséquences de la destruction des forêts qu'on défriche tout autour du monde?

L'Express ouvre le débat. Son but: distinguer le vrai du faux dans ces problèmes cruciaux pour l'avenir de l'humanité.

L'Express, le 14 avril 1989

---

1. seize it, take hold of it, 2. oil slick, 3. a tear in the ozone layer

Activité 4

Répondez aux questions suivantes en vous référant à l'article de *L'Express*.

1. Les problèmes de l'environnement existent depuis des années. Pourquoi existent-ils tant d'intérêt public à ce sujet, de nos jours?

   _____

   _____

2. Selon l'article, quelle est la cause de tous ces changements planétaires?

   _____

   _____

3. Quel est le ton de l'article? Sérieux? Alarmiste? Banal?

   _____

   _____

4. Pourquoi a-t-on choisi un tel titre?

   _____

   _____

Vocabulaire utile

L'Environnement

Pour parler du réchauffement de la planète

l'amincissement de la couche d'ozone (*m.*)	*thinning of the ozone layer*
les centrales atomiques/nucléaires	*atomic or nuclear power plants*
une déchirure	*a tear or rip*
l'effet (*m.*) de serre	*the greenhouse effect*
les émissions de dioxyde de carbone	*carbon-dioxide emissions*
le gaz toxique	*toxic gas*
les rayons ultraviolets (*m.*)	*ultraviolet rays*
un trou dans l'ozone	*a hole in the ozone*
les usines (*f.*)	*factories*

L'Environnement

Pour parler de la disparition des espèces de plantes ou d'animaux

les défenses *(f.)* d'ivoire	*ivory tusks (from elephants)*
les dégâts *(m.)*	*the damages*
les espèces *(f.)* en voie d'extinction	*endangered species*
les pelleteries *(f.)*	*furs*
les pluies *(f.)* acides	*acid rain*
les récoltes *(f.)*	*harvests*
abriter	*to shelter, protect, shield*
améliorer	*to improve*
disparaître	*to disappear*
faire le commerce de (pelleteries)	*to trade in (furs)*
protéger	*to protect*
renfermer	*to contain, include*

Pour parler de la surpopulation

l'accroissement *(m.)*	*growth*
les analphabètes (les illettrés)	*illiterate people*
les bidonvilles *(m.)*	*shantytowns*
le contrôle des naissances	*birth control policies*
les pays en voie de développement	*developing countries*
s'appauvrir	*to become impoverished*
augmenter	*to increase*
diminuer	*to decrease or diminish*
nourrir	*to feed, nourish*
surexploité	*exploited, worn-out, overcultivated (of land)*

Pour parler de la pollution de l'air, de la mer et de la terre

les déchets *(m.)*	*waste products*
le recyclage	*recycling*
les technologies de gestion des déchets	*waste management techniques*
les tonnes d'ordures *(f.)*	*tons of garbage, trash*
stocker les détritus	*to stockpile debris, refuse*

Activité 5

Reprenez les problèmes écologiques que vous avez mentionnés dans l'Activité 1. Faites une liste en français du vocabulaire essentiel pour en parler. N'hésitez pas à vous servir de votre dictionnaire.

Problème 1 _____

_____

_____

Problème 2 _____

_____

_____

Problème 3 _____

_____

_____

Problème 4 _____

_____

_____

Problème 5 _____

_____

_____

Activité 6

Choisissez trois de vos priorités écologiques et écrivez deux phrases en français pour chacune: (1) pour décrire l'origine ou les origines du problème, (2) pour décrire les conséquences ou les résultats potentiels du problème.

MODELE: la disparition des espèces d'animaux

Certaines espèces d'animaux sont en train de disparaître parce que ceux qui portent des fourrures exotiques sont valorisés par notre société.

<u>La disparition de certaines espèces d'animaux peut entraîner la disparition d'autres espèces qui en dépendent pour leur subsistance.</u>

1. Problème _____

_____

_____

2. Problème _____

_____

_____

3. Problème _____

_____

_____

 Activité 7

Lisez les cinq courts textes qui accompagnent la carte des risques majeurs pour l'environnement. Ensuite, (a) reprenez les descriptions des problèmes que vous avez données dans l'Activité 6, (b) ajoutez une phrase qui indique la ou les causes du problème, et (c) donnez un exemple précis de ce dont vous parlez, en citant des chiffres pour soutenir vos remarques.

1. Problème _____

a. description du problème _____

_____

b. cause(s) du problème _____

_____

c. un exemple précis _____

_____

RÉCHAUFFEMENT DE LA PLANÈTE

Si les émissions de dioxyde de carbone (CO_2) et des autres gaz qui contribuent à l'effet de serre ne sont pas réduites de façon draconienne, la température de l'atmosphère pourrait s'élever globalement de 3,5 °C au cours des soixante prochaines années. Le CO_2 est produit en grande quantité par les voitures, les usines et les centrales des pays industriels, et par la combustion des forêts tropicales dans les pays du tiers-monde.

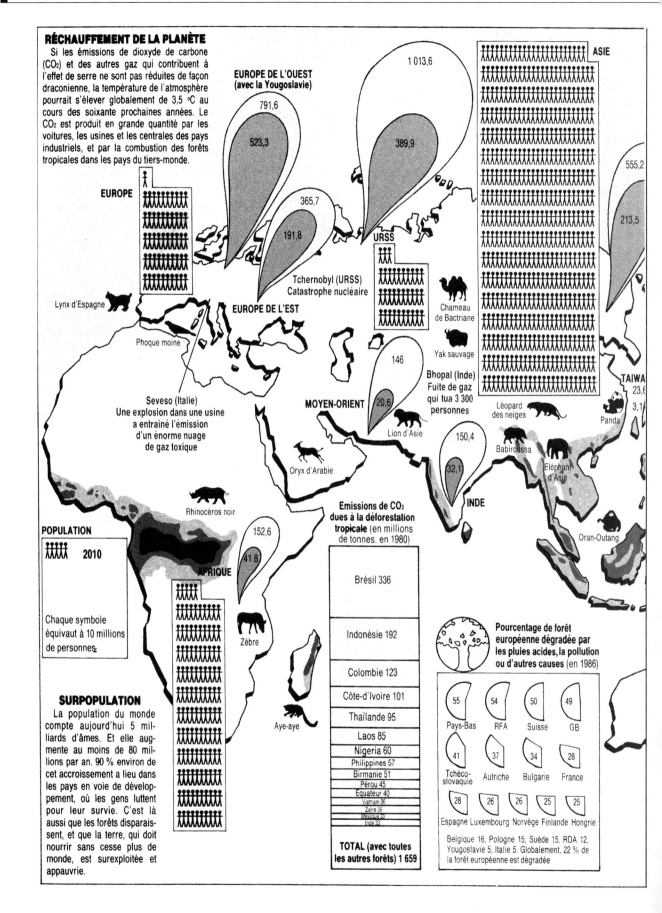

ASIE

EUROPE DE L'OUEST
(avec la Yougoslavie)

1 013,6

791,6

523,3

389,9

555,2

213,5

365,7

191,8

URSS

EUROPE

Lynx d'Espagne

Phoque moine

Tchernobyl (URSS)
Catastrophe nucléaire

EUROPE DE L'EST

Chameau de Bactriane

Yak sauvage

TAIWA

23,6

3,1

Panda

146

20,6

Bhopal (Inde)
Fuite de gaz qui tua 3 300 personnes

Léopard des neiges

Seveso (Italie)
Une explosion dans une usine a entraîné l'émission d'un énorme nuage de gaz toxique

MOYEN-ORIENT

Lion d'Asie

Babiroussa

Éléphant d'Asie

Oryx d'Arabie

150,4

32,1

INDE

Rhinocéros noir

Oran-Outang

Emissions de CO₂ dues à la déforestation tropicale (en millions de tonnes, en 1980)

152,6

41,8

AFRIQUE

POPULATION

2010

Chaque symbole équivaut à 10 millions de personnes.

Zèbre

Aye-aye

Brésil 336
Indonésie 192
Colombie 123
Côte-d'Ivoire 101
Thaïlande 95
Laos 85
Nigeria 60
Philippines 57
Birmanie 51
Pérou 45
Equateur 40
Vietnam 36
Zaïre 35
Mexique 33
Inde 35
TOTAL (avec toutes les autres forêts) 1 659

SURPOPULATION

La population du monde compte aujourd'hui 5 milliards d'âmes. Et elle augmente au moins de 80 millions par an. 90 % environ de cet accroissement a lieu dans les pays en voie de développement, où les gens luttent pour leur survie. C'est là aussi que les forêts disparaissent, et que la terre, qui doit nourrir sans cesse plus de monde, est surexploitée et appauvrie.

Pourcentage de forêt européenne dégradée par les pluies acides, la pollution ou d'autres causes (en 1986)

Pays-Bas	RFA	Suisse	GB
55	54	50	49

Tchécoslovaquie	Autriche	Bulgarie	France
41	37	34	28

Espagne	Luxembourg	Norvège	Finlande	Hongrie
28	26	26	25	25

Belgique 16, Pologne 15, Suède 15, RDA 12, Yougoslavie 5, Italie 5. Globalement, 22 % de la forêt européenne est dégradée

Les risques majeurs

L'EXPRESS – 14 AVRIL 1989

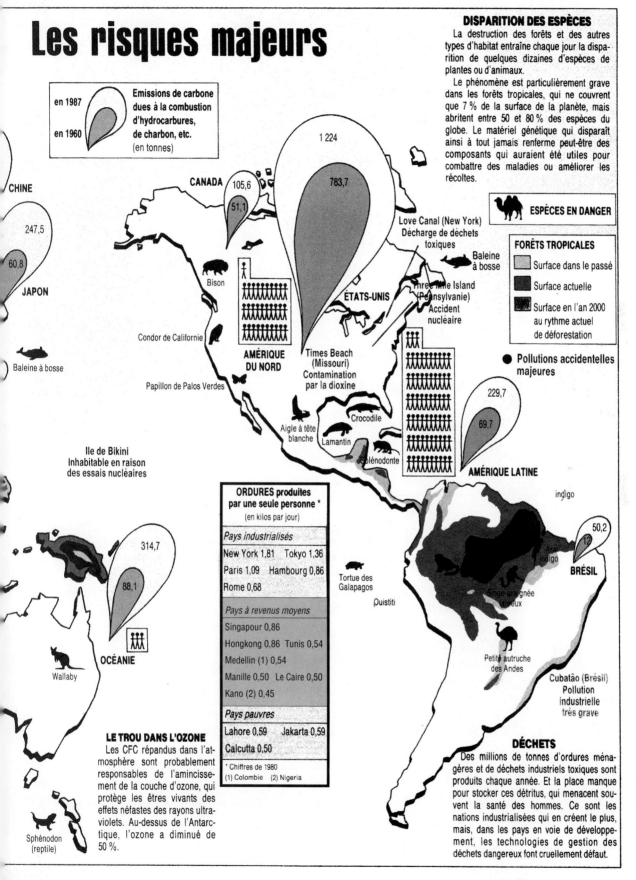

DISPARITION DES ESPÈCES

La destruction des forêts et des autres types d'habitat entraîne chaque jour la disparition de quelques dizaines d'espèces de plantes ou d'animaux.

Le phénomène est particulièrement grave dans les forêts tropicales, qui ne couvrent que 7 % de la surface de la planète, mais abritent entre 50 et 80 % des espèces du globe. Le matériel génétique qui disparaît ainsi à tout jamais renferme peut-être des composants qui auraient été utiles pour combattre des maladies ou améliorer les récoltes.

ESPÈCES EN DANGER

FORÊTS TROPICALES

Surface dans le passé

Surface actuelle

Surface en l'an 2000 au rythme actuel de déforestation

● Pollutions accidentelles majeures

en 1987
en 1960

Emissions de carbone dues à la combustion d'hydrocarbures, de charbon, etc. (en tonnes)

CHINE
247,5
60,8
JAPON

Baleine à bosse

1 224
783,7

CANADA
105,6
51,1

Bison

Condor de Californie

Papillon de Palos Verdes

AMÉRIQUE DU NORD

Love Canal (New York) Décharge de déchets toxiques

Baleine à bosse

Three Mile Island (Pennsylvanie) Accident nucléaire

ÉTATS-UNIS

Times Beach (Missouri) Contamination par la dioxine

Aigle à tête blanche
Lamantin
Crocodile
Sphénodonte

229,7
69,7

AMÉRIQUE LATINE

indigo

Ile de Bikini Inhabitable en raison des essais nucléaires

50,2
12
Arbre indigo
BRÉSIL

Tortue des Galapagos

Ouistiti

Singe-araignée laineux

314,7
88,1

OCÉANIE

Wallaby

Petite autruche des Andes

Cubatão (Brésil) Pollution industrielle très grave

ORDURES produites par une seule personne *
(en kilos par jour)

Pays industrialisés	
New York 1,81	Tokyo 1,36
Paris 1,09	Hambourg 0,86
Rome 0,68	
Pays à revenus moyens	
Singapour 0,86	
Hongkong 0,86	Tunis 0,54
Medellin (1) 0,54	
Manille 0,50	Le Caire 0,50
Kano (2) 0,45	
Pays pauvres	
Lahore 0,59	Jakarta 0,59
Calcutta 0,50	

* Chiffres de 1980
(1) Colombie   (2) Nigeria

Sphénodon (reptile)

LE TROU DANS L'OZONE

Les CFC répandus dans l'atmosphère sont probablement responsables de l'amincissement de la couche d'ozone, qui protège les êtres vivants des effets néfastes des rayons ultraviolets. Au-dessus de l'Antarctique, l'ozone a diminué de 50 %.

DÉCHETS

Des millions de tonnes d'ordures ménagères et de déchets industriels toxiques sont produits chaque année. Et la place manque pour stocker ces détritus, qui menacent souvent la santé des hommes. Ce sont les nations industrialisées qui en créent le plus, mais, dans les pays en voie de développement, les technologies de gestion des déchets dangereux font cruellement défaut.

2. Problème _____

    a. description du problème _____

    _____

    b. cause(s) du problème _____

    _____

    c. un exemple précis _____

    _____

3. Problème _____

    a. description du problème _____

    _____

    b. cause(s) du problème _____

    _____

    c. un exemple précis _____

    _____

Activité 8

Répondez aux questions suivantes qui concernent la carte que vous avez étudiée.

1. A première vue, qu'est-ce qui vous a le plus choqué(e) sur la carte des risques majeurs?

    _____

    _____

2. Y a-t-il des régions du monde qui ne sont pas encore touchées par des problèmes écologiques? Pourquoi ou pourquoi pas?

    _____

    _____

3. Quels problèmes sont surtout évidents dans les pays industrialisés? Dans les pays en voie de développement?

_____

_____

4. Est-ce qu'il y a des problèmes écologiques dont vous n'étiez pas conscient(e) avant d'avoir étudié la carte? Lesquels?

_____

_____

CHEZ VOUS 1

Choisissez un des risques pour l'environnement suggérés sur la carte et décrivez le problème, y compris ses causes. Donnez quelques exemples précis de ses effets sur notre monde. Lisez au moins un article concernant ce problème particulier dans un journal ou une revue avant de préparer votre travail.

A L'ECOUTE

 Activité 9

Quand nous parlons des problèmes écologiques, nous avons tendance à oublier que nous avons profité des développements technologiques qui sont maintenant accusés de la destruction de notre environnement. Expliquez brièvement comment chacun des problèmes écologiques suivants résulte (a) d'un développement technologique précis, et (b) d'un changement dans le niveau de vie d'une ou de plusieurs populations.

1. le réchauffement de la planète

   a. _____

   _____

   b. _____

   _____

2. les déchets

   a. _____

   _____

   b. _____

   _____

3. la pollution de l'air

   a. _____

   _____

   b. _____

   _____

4. la disparition des espèces de plantes et d'animaux

a. _____

_____

b. _____

_____

Expressions utiles

Les opinions

Pour exprimer les opinions personnelles

je crois que		I believe that
j'espère que		I hope that
je pense que		I think that
je suis convaincu(e) que	+ *indicatif*	I am convinced that
je suis sûr(e) que		I am sure that
je trouve que		I find that

je ne crois pas que		I don't believe that
je ne pense pas que	+ *subjonctif*	I don't think that
je ne suis pas sûr(e) que		I'm not sure that

Pour exprimer les observations, les critiques, les jugements

il est...	it is...	de + *infinitif*	que + *indicatif*	que + *subjonctif*
essentiel	*essential*	✔		✔
évident	*obvious*		✔	
hors de doute	*beyond doubt*		✔	
important	*important*	✔		✔
indiscutable	*undeniable, indisputable*		✔	
indispensable	*necessary*	✔		✔
inévitable	*inevitable, unavoidable*			✔

Les opinions

Pour exprimer les observations, les critiques, les jugements

il est...	it is...	de + infinitif	que + indicatif	que + subjonctif
juste	fair, just	✔		✔
nécessaire	necessary	✔		✔
normal	to be expected	✔		✔
peu probable	unlikely			✔
possible	possible	✔		✔
préférable	preferable	✔		✔
regrettable	regrettable	✔		✔
urgent	urgent	✔		✔

il faut	it is necessary
il vaut mieux	it is preferable
il se peut que + *subjonctif*	it may be
à condition	on the condition that
à moins	unless
au cas où	in the event that
pourvu que	provided that
afin	in order that
pour	so that
de crainte	for fear that
de peur	for fear that
de façon, de manière	so that
de sorte	so that

Activité 10

Que pensez-vous de chaque position énoncée dans la liste suivante? D'abord, (a) indiquez votre opinion et (b) décrivez ce qui pourrait se passer si nous ne changeons pas nos habitudes. Finalement, (c) faites une recommandation pour améliorer la situation. Suivez le modèle.

MODELE: L'augmentation des cas de maladies sérieuses telles que le cancer est due à l'amincissement de la couche d'ozone.

a. *opinion* Je pense qu'il est possible que l'augmentation des cas de maladies sérieuses soit due à l'amincissement de la couche d'ozone.

b. *conséquence(s)* <u>Le nombre des cas de maladies de peau est beaucoup plus élevé aujourd'hui qu'il y a dix ans.</u>

c. *recommandation(s)* <u>Il faut à tout prix se protéger du soleil, en évitant les expositions prolongées au soleil, en utilisant de la crème solaire lors de longues expositions inévitables ou en couvrant sa peau à l'aide de vêtements et chapeau.</u>

1. Il faut que les gouvernements des pays industrialisés interdisent les essais nucléaires.

    a. opinion _____

    _____

    b. conséquence(s) _____

    _____

    c. recommandation(s) _____

    _____

2. Il y a tant de forêts dans les pays en voie de développement que la destruction des forêts ne représente pas actuellement un problème très sérieux.

    a. opinion _____

    _____

    b. conséquence(s) _____

    _____

    c. recommandation(s) _____

    _____

3. Le réchauffement de la planète est un fait qu'on ne peut ni changer ni éviter. On ne peut que s'adapter aux nouveaux climats.

    a. opinion _____

    _____

b. conséquence(s) _____

_____

    c. recommandation(s) _____

_____

Ecoutons!

Activité 11

Vous assistez à une discussion sur l'environnement organisée par un groupe francophone qui inclut une Française, un Canadien, une Zaïroise et une Suissesse. En écoutant leur discussion, prenez des notes.

La Française

1. problème écologique le plus immédiat _____

_____

2. soucis pour l'avenir _____

_____

3. recommandations _____

_____

Le Canadien

1. problème écologique le plus immédiat _____

_____

2. soucis pour l'avenir _____

_____

3. recommandations _____

_____

La Suissesse

1. problème écologique le plus immédiat _____

_____

2. soucis pour l'avenir _____

_____

3. recommandations _____

_____

La Zaïroise

1. problème écologique le plus immédiat _____

_____

2. soucis pour l'avenir _____

_____

3. recommandations _____

_____

CHEZ VOUS 2

On vous demande de participer à la discussion précédente en tant que
représentant(e) des Etats-Unis. En suivant le modèle donné dans l'Activité 11,
préparez un résumé des soucis écologiques qui troublent les Américains aussi bien
que des initiatives prises pour remédier à la situation.

A L'ENTRETIEN

Avant de parler

Considérons l'avenir de notre planète et de notre civilisation. On entend souvent parler du «village mondial». Cette analogie fait allusion au rétrécissement apparent du globe terrestre, dû aux progrès technologiques, et au changement des rapports entre pays qui en résulte.

Considérons la question suivante: Si notre monde était réduit à la taille d'un village de 1.000 habitants—tout en gardant les pourcentages de ses divers groupes—quelle serait sa composition ethnique et religieuse? Comment les richesses de notre monde seraient-elles distribuées?

La carte suivante a été créée par IRED—Innovations et Réseaux pour le Développement, une organisation basée à Genève. Elle montre d'une façon très claire ce «village mondial» tel qu'il existerait ou bien tel qu'il existe actuellement si on respecte les proportions et pourcentages des populations existantes.

⬛ *Activité 12*

Répondez oralement aux questions suivantes en vous référant au texte sur le village mondial.

1. Qu'est-ce qui vous a le plus étonné(e) en lisant les statistiques sur le village mondial?

2. Les 60 habitants de ce village mondial qui contrôleraient la moitié des revenus ont-ils une responsabilité à l'égard des autres?

3. Quelles sont les responsabilités des pays industrialisés à l'égard des pays en voie de développement?

4. Pourquoi est-ce qu'il y a un tel déséquilibre dans la distribution des richesses de notre monde?

5. Quand on utilise l'analogie du village global on rend plus concrètes les mauvaises conditions de vie de ses divers membres, en particulier les bidonvilles, la faim, etc. Quels moyens connaissez-vous pour améliorer les conditions dans lesquelles vivent ces individus?

M. WUERKER

LE VILLAGE GLOBAL

Dans le village serait:

564 Asiatiques
210 Européens
 86 Africains
 80 Sud-Américains
 60 Nord-Américains

Il y aurait:

300 Chrétiens
    183 Catholiques
     84 Protestants
     33 Orthodoxes
175 Musulmans
128 Hindou
 55 Bouddhistes
 47 Animistes
210 Sans religion ou athées

De ces gens:

 60 contrôleraient la moitié
     du revenu
500 auraient faim
600 habiteraient dans les
     bidonvilles
700 seraient analphabètes

Activité 13

La notion d'un village mondial mérite notre attention, particulièrement quand on parle de l'environnement. Tandis qu'on peut toujours essayer d'établir des frontières nationales ou politiques, les effets de nos décisions écologiques dépassent les frontières artificielles établies par les gouvernements.

Donnez quelques exemples qui montrent comment les habitants de notre pays ont influencé l'environnement d'autres pays.

1. _____

_____

2. _____

_____

3. _____

_____

4. _____

_____

Parlons ensemble!

Activité 14

En groupes de trois ou quatre personnes, faites un sondage en français pour obtenir de vos camarades de classe les solutions à divers problèmes écologiques. Chaque groupe peut se concentrer sur un des problèmes traités dans ce chapitre: le réchauffement de la planète, la déforestation tropicale, la production de déchets industriels toxiques, etc.

1. Choisissez un problème écologique.

2. Préparez cinq questions à poser à vos camarades de classe pour découvrir leur opinion sur ce problème et les solutions qu'ils(elles) proposent.

3. Pendant une période de temps fixée par votre professeur, interrogez les autres étudiant(e)s de la classe et répondez à leurs questions. Notez les réponses obtenues à vos questions.

CHEZ VOUS 3

Pour résoudre les problèmes écologiques, certains préconisent des solutions au niveau des gouvernements, d'autres suggèrent que les responsabilités soient prises au niveau individuel. Recommandez aux gouvernements cinq mesures pour remédier à ces problèmes. Puis recommandez aux particuliers cinq mesures individuelles pouvant contribuer à la sauvegarde de l'environnement.

Recommandations aux gouvernements

1. _____

_____

2. _____

_____

3. _____

_____

4. _____

_____

5. _____

_____

Recommandations aux individus

1. _____

_____

2. _____

_____

3. _____

_____

4. _____

_____

5. _____

_____

A LA TACHE

Avant d'écrire

 Activité 15

Regardez attentivement la carte postale ci-dessous et répondez oralement aux questions suivantes.

1. Comme vous le voyez, ce n'est pas une carte postale typique. De quoi s'agit-il?

2. Pourquoi est-ce que l'image est si frappante?

3. Pourquoi a-t-on choisi d'employer le mot *jouer*? Donnez deux raisons.

4. Quel est l'effet d'une telle requête posée par un enfant?

5. En regardant la carte postale, comment réagissez-vous?

Activité 16

Lisez ci-dessous l'autre côté de la carte postale. Notez en particulier les exemples de désastres cités dans le texte. Ensuite, faites une liste d'autres accidents nucléaires ou toxiques dont vous avez entendu parler.

Accidents nucléaires ou toxiques

1. _____ 3. _____

2. _____ 4. _____

Franchise postale

NOM : ....
PRENOM : ....
ADRESSE : ....
CODE POSTAL : ....
VILLE : ....

François MITTERRAND
Président de la République
Palais de l'Elysée
75008 PARIS

Monsieur le Président, depuis 15 ans, l'état a dépensé, pour Superphénix, plus de 40 milliards de francs, soit 100 fois le budget annuel de l'Agence Française pour la Maîtrise de l'Energie. Aujourd'hui l'échec économique est admis par tous.

En avril 1987, une simple fuite de sodium n'a été détectée avec certitude qu'au bout d'un mois. A Tchernobyl, il n'a fallu que quelques heures pour que le réacteur devienne incontrôlable.

Malville peut exploser comme une bombe. Ne jouez pas avec notre vie, arrêtez définitivement le surgénérateur de Creys-Malville.

 SIGNATURE :

Comité Malville de Lyon, 4 rue Bodin, 69001 Lyon, CCP J.L.Thierry 159 72 J LYON

Activité 17

Y a-t-il un endroit près de chez vous qui puisse vous causer des problèmes de santé? Décrivez-le dans un paragraphe. Ensuite discutez des problèmes avec vos camarades de classe.

_____

_____

_____

_____

_____

CHEZ VOUS 4

On vous a demandé d'écrire un article au sujet de l'environnement pour le *Journal Français d'Amérique.* Les lecteurs du journal sont pour la plupart des résidents francophiles aux Etats-Unis. Votre article traite donc de problèmes écologiques aux Etats-Unis.

Vous pouvez suivre l'organisation suggérée ou bien développer votre propre organisation.

1. Donnez un bref résumé de ces problèmes.

2. Faites une description plus détaillée d'un ou deux de ces problèmes. Parlez des causes, des effets, etc.

3. Citez des exemples d'accidents réels ou potentiels.

4. Parlez des responsabilités des Etats-Unis envers ses voisins et à l'égard des pays moins industrialisés.

5. Recommandez au gouvernement américain quelques mesures correctives. De plus, encouragez les individus à prendre des responsabilités pour améliorer l'environnement.

9

DE L'ART DE PERSUADER

Comment convaincre les autres

Every day of our lives we perform acts of persuasion, ranging from making polite suggestions to attempting to get others to see things our way. To convince others without wounding their sensibilities is an art. Doing so in a foreign language requires even greater skill. In this chapter we will practice making suggestions and convincing others to act on them.

A LA LECTURE

Avant de lire

Activité 1

How and in what situations might you use the art of persuasion?

1. How might you suggest the idea of sharing an apartment to a good friend?

   _____

   _____

2. What might you say to convince a reluctant friend to share an apartment with you?

   _____

   _____

3. How might you politely suggest that a relative who has just graduated from high school continue his or her education?

   _____

   _____

4. What might you say to convince this relative to continue his or her education if he or she at first seems hesitant?

   _____

   _____

Les suggestions

Expressions utiles

Pourrais-tu (+ *infinitif*)?	*Could you...?*
Pourquoi ne ferais-tu pas (ceci ou cela)?	*Why don't you do (this or that)?*
Serait-il possible de (+ *infinitif*)?	*Would it be possible to...?*
Et si tu (+ *imparfait*)	*What about...*
Et si tu venais en voiture?	*What about driving?* *What about coming by car?*
Il vaudrait peut-être la peine de (+ *infinitif*)	*It might be worth (the trouble of)...*
Il vaudrait mieux (+ *infinitif*)	*It would be better to...*
Tu ferais mieux de (+ *infinitif*)	*You would be better off...*
Tu pourrais (+ *infinitif*)	*You could...*
Tu pourrais envisager de (+ *infinitif*)	*You could consider...*
A mon avis, Pour moi,	*In my opinion,*
A ta place, je (+ *conditionnel*) Si j'étais toi, je (+ *conditionnel*)	*If I were you, I would...*
suggérer proposer } (que + *sujet* + *verbe au subjonctif*)	*to suggest, propose that someone do something*
conseiller **à** quelqu'un **de** faire quelque chose	*to advise someone to do something*

Activité 2

Vous voudriez qu'un(e) ami(e) vienne étudier à votre université. Malheureusement, il (elle) hésite. Suggérez une solution aux problèmes que votre ami(e) a soulevés. Utilisez les expressions utiles présentées ci-dessus pour vous aider.

1. «Je ne suis pas sûr(e) de vouloir aller à ton université.»

_____

_____

_____

2. «J'aimerais visiter plusieurs universités, mais j'ai horreur de voyager en avion.»

_____

_____

_____

3. «Ma famille me manquera.»

_____

_____

_____

4. «Je voudrais étudier la psychologie et je ne connais personne qui l'étudie à ton université.»

_____

_____

_____

5. «L'université coûte tellement cher!»

_____

_____

_____

6. «Mes amis et moi, nous n'avons plus envie d'étudier.»

_____

_____

_____

Lisez attentivement!

Louise, une étudiante américaine, a écrit à Edith, une amie française qui habite à Paris, qu'elle va pouvoir passer une année en France et qu'elle compte vivre à Paris. Louise a déjà fait des études poussées en français et elle veut étudier à la Sorbonne.

Voici la lettre qu'Edith écrit à Louise en réponse:

Ma chère Louise,

J'ai bien reçu ta lettre, qui a quand même mis 12 jours à me parvenir.

Quelle nouvelle! C'est super que tu aies obtenu cette bourse d'études pour l'an prochain. Tu me connais, je me suis tout de suite mise à faire des plans et voici mon idée de génie: pourquoi ne viendrais-tu pas t'installer chez moi? On pourrait partager le loyer et tous les frais ordinaires. Pour te rendre à la fac, tu n'aurais qu'à prendre le ligne 4 jusqu'à Odéon ou le Bus 38 qui descend le Boul'Mich'! Par beau temps, tu pourrais même envisager d'y aller à pied. Bien sûr, tu trouveras l'appart un peu petit. Je ne veux pas te forcer la main, mais si j'étais toi, je réfléchirais à deux fois avant de dire non! Paris est devenu cher... Et puis imagine les bavettes qu'on pourrait discuter tranquillement. Quoi qu'il en soit, serait-il possible que tu me donnes ta réponse avant avril?

Il me tarde d'avoir de tes nouvelles et de te revoir. Tiens, j'y pense, et si tu arrivais dès août? On pourrait passer les vacances ensemble.

En attendant, je te conseille de faire des économies et je t'embrasse.

Amicalement
Edith

Activité 3

Répondez aux questions suivantes en vous référant à la lettre à la page 215.

1. Qu'est-ce qu'Edith suggère à Louise?

   a. _____

   b. _____

2. Quelles sont les trois raisons qu'elle donne pour appuyer sa première suggestion?

   a. _____

   b. _____

   c. _____

3. Quelle raison est-ce qu'elle donne pour appuyer sa deuxième suggestion?

   _____

Pour convaincre quelqu'un de votre point de vue, il est parfois utile de suggérer les effets possibles de l'action que vous présentez. Pour exprimer une telle situation en français, on utilise une proposition introduite par **si**.

Expressions utiles

Les effets

Pour expliquer les conséquences d'une situation hypothétique

si (+ *sujet*) (+ *verbe à l'imparfait*)

(+ *sujet*) (+ *verbe au conditionnel*)

Si vous habitiez chez moi, nous **pourrions** partager les frais.

Pour expliquer le résultat d'une condition donnée

si (+ *sujet*) (+ *verbe au présent*)

(+ *sujet*) (+ *verbe au futur*)

Si vous venez habiter avec moi, nous **partagerons** les frais.

Activité 4

Suggérez à quelqu'un de faire ce que vous voudriez faire. Expliquez les avantages de ce que vous suggérez en utilisant une proposition conditionnelle avec **si** (condition ou hypothèse).

MODELE: Vos amis veulent aller au cinéma mais vous préférez rester à la maison regarder la télévision.

<u>Si nous restions à la maison, nous économiserions de l'argent et nous verrions un meilleur film.</u>

1. Votre ami(e) veut que vous veniez lui rendre visite. Vous préférez qu'il (elle) se déplace et qu'il (elle) vous rende visite.

    _____

    _____

    _____

    _____

2. Une amie vous écrit qu'elle va arrêter ses études et voyager pour se trouver. Ceci ne vous semble pas être une bonne idée. Ecrivez-lui ce que vous feriez à sa place.

    _____

    _____

    _____

    _____

3. Des amis veulent partir en vacances au Mexique. Vous préférez aller au Québec. Donnez deux bonnes raisons d'aller au Canada.

    _____

    _____

    _____

    _____

4. Des amis français veulent vous rendre visite à Noël. Suggérez une autre date et persuadez-les de ne pas venir à Noël.

_____

_____

_____

_____

5. Votre cousine, qui a 10 ans, vous écrit qu'elle veut devenir ambassadrice des Etats-Unis en France. Suggérez-lui comment se préparer pour cette carrière.

_____

_____

_____

_____

6. Votre cousin vous écrit qu'il a décidé de rester aux Etats-Unis au lieu d'aller passer un an à l'étranger. Vous trouvez qu'il devrait voir un autre pays. Essayez de le persuader de partir.

_____

_____

_____

_____

CHEZ VOUS 1

Vous apprenez qu'Edith a invité votre amie Louise à loger chez elle à Paris. Louise vous écrit qu'elle hésite à accepter l'invitation parce qu'elle préfère rester indépendante.

Ecrivez une lettre à Louise. Essayez de la persuader de suivre les conseils d'Edith. Suggérez d'autres avantages qu'Edith n'a pas mentionnés dans sa lettre. Appuyez vos arguments en utilisant une proposition conditionnelle avec **si**.

Avant d'écouter

On peut aussi suggérer quelque chose de façon plus directe en utilisant l'infinitif du verbe, l'impératif ou une expression telle que **Il faudrait...** ou **On devrait...** .

Activité 5

Le club d'anglais d'un lycée parisien a installé une boîte à suggestions à l'entrée du lycée. Les lycéens y ont glissé leurs suggestions. Quelques-unes des idées étaient très sérieuses, d'autres beaucoup moins.

Leurs idées

1. faire assurer tous les cours par des profs formés dans la matière qu'ils enseignent

2. rénover et entretenir les locaux (*premises*)

3. supprimer les cours de maths

4. réduire les effectifs à vingt-cinq élèves par classe

5. instaurer un deuxième service de cantine à 13 heures

6. annuler les frais d'inscription

Mettez ces idées sous forme de suggestions. Utilisez une des possibilités suivantes pour chaque suggestion: l'infinitif, l'impératif, **Il faudrait...** ou **On devrait...** .

1. <u>Faire assurer tous les cours par des profs formés dans la matière qu'ils enseignent. (Faites assurer... / Il faudrait faire assurer... / On devrait faire assurer...)</u>

2. _____

3. _____

4. _____

5. _____

6. _____

Activité 6

Le club de français de votre université a installé une boîte à suggestions pour les étudiants de français. Faites trois suggestions pour votre université ou votre ville.

1. _____

2. _____

3. _____

Expressions utiles

Insister

N'oublions jamais que…	*Let's not forget that…*
Souvenez-vous que…	*Remember that…*
(Mais) on ne dira jamais assez que…	*(But) it can't be stressed too much that…*
Je voudrais souligner le fait que…	*I would like to emphasize the fact that…*

Il faut que (+ *sujet*) (+ *verbe au subjonctif*)

Il est important
Il est nécessaire ⎫ de (+ *infinitif*)
Il est essentiel ⎬ que (+ *sujet*) (+ *verbe au subjonctif*)
Il est indispensable ⎭

vouloir
demander ⎫
exiger ⎬ + que (+ *sujet*) (+ *verbe au subjonctif*)
obliger ⎭

revendiquer (quelque chose)	*to claim, demand (something)*
réclamer	*to ask, to call for*
obliger (quelqu'un) à (faire quelque chose)	*to make (someone) (do something)*

Activité 7

Réécrivez vos suggestions de l'Activité 6 avec plus de force en utilisant les expressions utiles. N'oubliez pas le subjonctif où il y a lieu de l'employer.

1. _____

2. _____

3. _____

Ecoutons!

Vous allez écouter une conversation entre deux étudiants américains et un lycéen et une étudiante française qui se sont rencontrés en France.

Un des Français chante son «rap de la colère». Puis, les quatre jeunes gens parlent des problèmes qu'ils ont à l'université et au lycée.

Activité 8

Etudiez le vocabulaire utile. Ensuite écoutez le «rap de la colère» de Martin. Reconstituez le rap d'après ce que vous entendez. Ensuite, prenez des notes, en écoutant la conversation qui suit le rap. Quels problèmes les étudiants américains voient-ils au lycee et à l'université américains? Quelles suggestions font-ils? (Attention! * signale l'argot.)

Vocabulaire utile

Le rap de la colère

des poires* = des gens qui se laissent tromper facilement

du pognon*, des ronds*, de la tune* = de l'argent, du fric*

des fonds	*funds*
la colère	*anger*
en galère*	*in difficult, unpleasant circumstances*

du matos* = du matériel, de l'équipement

Le rap de la colère

Mais arrêtez de nous prendre pour des poires

On veut voir se réaliser nos espoirs

Nous on n'est pas _____ dans la majorité

On est juste _____ ; on veut être écouté

Ce qu'on _____ ? Non c'est pas la lune:

Des fonds, des ronds, du pognon pour _____

c'est le rap des lycéens en _____

c'est le rap des lycéens en galère

c'est le rap des lycéens solidaires

On veut du matos, des profs et du pognon

Et une réforme de l'Education

L'Humanité, 12 novembre 1990

Problèmes

_____

_____

_____

_____

Suggestions

_____

_____

_____

_____

CHEZ VOUS 2

Choisissez une des suggestions mentionnées dans la conversation ou faites une autre suggestion pour la réforme des universités américaines. Ecrivez une lettre à l'éditeur du *Journal Français d'Amérique* à ce sujet.

Exposez clairement votre suggestion et justifiez-la. Insistez sur les avantages de votre idée.

A L'ENTRETIEN

Avant de parler

Pour persuader, il faut mettre en valeur les points forts de votre position. Par exemple, s'il s'agit d'un produit que vous voulez vendre, il faut mettre en valeur les points forts du produit. Les campagnes publicitaires les mieux réussies insistent sur les aspects les plus avantageux de leur produit.

Activité 9

En groupes de trois ou quatre étudiants, formulez une phrase sur un aspect positif des lieux suivants en utilisant le superlatif.

1. votre ville

   _____

   _____

2. votre état

   _____

   _____

3. votre région des Etats-Unis

   _____

   _____

Parlons ensemble!

Activité 10

En groupes de trois ou quatre étudiants, choisissez un des endroits de l'activité précédente. Trouvez quatre ou cinq points forts pour le lieu choisi.

Ecrivez quatre phrases qui insistent sur ces avantages et mettez-les en ordre d'importance, en commençant par l'avantage le plus important. Utilisez le superlatif dans au moins deux phrases.

1. _____

   _____

2. _____

   _____

3. _____

   _____

4. _____

   _____

CHEZ VOUS 3

Vous allez créer une brochure pour votre université, votre ville, votre état ou votre région aux Etats-Unis. La brochure sera destinée aux touristes francophones.

Indiquez quelles photos ou dessins vous allez utiliser et rédigez le texte.

A LA TACHE

Avant d'écrire

Pour persuader, il faut savoir répondre aux objections des autres et réfuter leurs arguments. Il est souvent utile de réexaminer l'idée de l'autre personne sous un autre angle pour la persuader de votre point de vue.

Imaginez que les quatre étudiants qui parlaient de leurs problèmes (*Ecoutons!,* à la page 221) continuent la conversation. Les Américains, tout en admettant que leur système connaît des problèmes, le trouvent supérieur au système français. Les Français ne sont pas d'accord.

Activité 11

En groupes de trois ou quatre étudiants, analysez les réponses des étudiants français aux critiques présentées par les Américains. Indiquez la ou les tactiques adoptées pour chaque critique:

a. minimiser l'accusation en ayant recours à l'humour
b. dénoncer les excès de l'attitude opposée
c. mettre en question la définition du terme
d. placer l'accusation dans un contexte culturel plus général
e. accuser l'accusateur
f. souligner un avantage possible
g. défendre son comportement au nom d'un intérêt supérieur

____ 1. Greg: «Les étudiants français doivent se spécialiser trop tôt; on ne sait pas ce qu'on veut devenir quand on est si jeune.»

Josette: «Il n'est pas abusif de consacrer 3 ou 4 ans à l'étude d'une spécialité. A repousser sans fin le choix d'une spécialité, on risque de n'être spécialiste de rien ou de devoir étudier fort longtemps!»

____ 2. Susan: «Les étudiants français n'ont guère de contact personnel avec leurs professeurs.»

Martin: «Un professeur n'est ni un animateur de foyer socio-éducatif ni une assistante sociale! Son rôle est essentiellement de transmettre des connaissances. C'est pour ça qu'on le paie.»

_____ 3. Greg: «La plupart des étudiants à l'université sont au chômage après leurs études. Le programme d'études n'assure pas un travail.»

Josette: «L'enseignement supérieur ne doit pas être utilitaire, mais permettre d'acquérir des compétences intellectuelles et d'ouvrir l'esprit.»

_____ 4. Susan: «Les universités françaises n'ont pas le sens de la communauté qu'ont les universités américaines. Il n'y a pas d'équipe sportive, par exemple, qui servirait de point de ralliement pour les étudiants.»

Martin: «Les mentalités de groupe sont pesantes et créent des moutons de Panurge. L'ambiance boy-scout des dortoirs, c'est dépassé à la fac.»

_____ 5. Greg: «L'université française ne représente pas l'éventail social, comme l'université américaine. Les étudiants qui veulent étudier les affaires en France vont à l'Ecole de Commerce, les étudiants qui veulent étudier la musique vont au Conservatoire, et ainsi de suite. L'université américaine réunit une plus grande variété d'étudiants.»

Josette: «Variété des types d'études, peut-être, mais pas variété sociale. Le coût des études ne permet qu'à certains d'effectuer de longues études.»

_____ 6. Susan: «Les étudiants français n'ont pas les bénéfices d'installations sportives. Les universités américaines ont presque toujours un gymnase et des équipements sportifs disponibles pour tous les étudiants.»

Martin: «Mais attends. Ça c'est du point de vue américain. En France, on pense que la fac est un lieu d'études et non un terrain de sport. On peut faire du sport dans les clubs de la ville.»

Ecrivons!

Activité 12

Les Français adressent eux-aussi leurs critiques mais au système américain. Quelles stratégies données dans l'Activité 11 (a, b, c, etc.) est-ce que vous utiliseriez pour réfuter les critiques suivantes?

_____ 1. «Les étudiants américains n'ont pas l'habitude de penser. Il leur suffit de répéter ce qu'a dit leur professeur.»

_____ 2. «Les Américains travaillent beaucoup moins au "high school" que les Français au lycée.»

_____ 3. «Les étudiants américains ne s'intéressent qu'à l'Amérique.»

_____ 4. «Les universités américaines font la sélection par l'argent. Les jeunes pauvres en sont exclus.»

_____ 5. «Les étudiants américains ne parlent que l'anglais.»

_____ 6. «La majorité des étudiants américains ne pourra pas trouver un travail intéressant après quatre ans d'études.»

Expressions utiles

Les réactions contraires

Certes,... (mais)	*To be sure, . . . (but)*
Sans doute,... (mais)	*No doubt, . . . (but)*
Or,...	*Now, . . .*
Au fond,...	*Fundamentally, . . .*
C'est autant (ceci) que (cela)	*It is as much (this) as (that)*
Ce prétendu (défaut) n'est que...	*This alleged (fault) is only. . .*
Quoi qu'il en soit,	*However that may be, Be that as it may,*
Quoi qu'on en pense,	*Whatever one might think,*
En dernière analyse,	*In the last analysis,*

Activité 13

Choisissez trois des critiques de l'Activité 12 et réagissez-y en utilisant les expressions utiles.

1. a. critique _____

   b. réponse _____

   _____

2. a. critique _____

   b. réponse _____

   _____

3. a. critique _____

   b. réponse _____

   _____

CHEZ VOUS 4

Votre université a décidé d'envoyer un(e) étudiant(e) en France pour s'entretenir avec les lycéens français. L'université espère que ce contact avec les jeunes Français convaincra quelques-uns d'entre eux de venir étudier à votre université.

Vous voudriez vous présenter comme candidat(e) parce que si vous êtes choisi(e) le voyage sera payé et ce sera un honneur pour vous de représenter votre université.

Chaque candidat doit écrire un petit discours à présenter aux lycéens français. Soulignez les avantages de votre université et du système universitaire américain. N'attaquez pas le système français, mais pensez à contrer les objections que les lycéens pourraient formuler en ce qui concerne les études aux Etats-Unis.

10

LA FANTAISIE

Comment écrire pour s'exprimer

While many writing tasks have a pragmatic goal—to remind us of things we must do, to request information, to inform others of our plans and so forth—not all writing is designed to accomplish a task. Writing is sometimes an end in itself—a form of self-expression that may or may not be shared with others. Use your imagination and enjoy the writing activities in this chapter.

A LA LECTURE

Avant de lire

Activité 1

Faites une liste de styles d'écritures que vous utilisez pour des raisons personnelles et pas pour d'autres fonctions.

1. _____

2. _____

3. _____

4. _____

5. _____

Activité 2

Répondez oralement aux questions suivantes.

1. Qu'est-ce qui caractérise ces styles d'écritures? En quoi diffèrent-ils des autres styles que vous utilisez?

2. D'habitude, écrivez-vous à partir de vos propres expériences ou en utilisant votre imagination?

3. Prenez-vous le temps de relire ce que vous avez écrit ou est-ce le processus seul qui vous intéresse?

4. Partagez-vous parfois vos écrits personnels avec un(e) ami(e)? Pour quelles raisons?

5. Préférez-vous écrire des contes, des histoires de science-fiction, de la poésie ou des essais contemplatifs?

6. Vous arrive-t-il d'écrire de la poésie? Si oui, y a-t-il des thèmes qui se répètent? Lesquels? Sinon, avez-vous jamais essayé d'écrire un poème? Quel en a été le résultat?

Lisez attentivement!

Avez-vous jamais écrit un poème en vous servant d'une formule? Utiliser une formule constitue un tremplin très utile pour ceux qui ne se croient pas capables d'écrire de la poésie. Pour les autres, la formule les aide à trouver l'inspiration.

Plusieurs formules sont possibles. Dans le modèle suivant, la formule indique les parties du discours à utiliser et prescrit pour ces éléments un ordre précis.

MODELE:
un nom concret
trois adjectifs
une comparaison
un symbole représentant le nom concret

Voici quelques poèmes qui ont été écrits par des étudiants:

des nuages
doux, amusants, mystérieux
comme des souvenirs à venir
des rêves

ma voiture
noire, rapide, reluisante
comme une boule de cristal
mon indépendance

une fleur
belle, parfumée, fragile
comme un souffle
une étoile

mon chien
fidèle, indulgent, accueillant
comme une porte ouverte
mon copain

mon frère
paresseux, oublieux, rêveur
comme un fou
mon jumeau

Activité 3

Pour chaque thème indiqué, écrivez un poème. Soyez prêt(e) à présenter vos poèmes à la classe.

les vacances d'été

_____   _____   _____

_____

_____

ma meilleure amie

_____   _____   _____

_____

_____

le ciel

_____   _____   _____

_____

_____

les chats

_____ _____ _____

_____

Activité 4

En groupes de trois ou quatre personnes, choisissez un thème (un nom) pour commencer un poème. Ensuite, chaque membre du groupe écrira un poème sur le thème choisi, en suivant le modèle. Comparez les quatre poèmes sur le même thème ainsi obtenus.

_____

_____ _____ _____

_____

Activité 5

Après avoir lu les poèmes engendrés dans l'activité précédente, combinez les meilleures parties des quatre poèmes en un seul poème. Présentez le poème à la classe.

_____

_____ _____ _____

_____

CHEZ VOUS 1

Choisissez trois thèmes dont on n'a pas parlé en classe. Ecrivez trois poèmes sur ces thèmes, en suivant le modèle.

Avant d'écouter

Ecriture et lecture sont étroitement liées. Nos lectures jouent un rôle fondamental dans l'évolution de notre expression écrite. Le conte et la fable sont des lectures populaires à tout âge. Nous héritons tous de notre enfance des contes favoris. A première vue, les contes paraissent très simples, mais cette simplicité cache un côté sérieux. Des animaux ou des personnages fantaisistes habitant un monde imaginaire où tout est possible constituent, en général, la toile de fond de ces contes. Mais ce surréalisme permet de mieux mettre en évidence et en contraste des caractères moraux spécifiques. Les contes ont un but éducatif et mettent en évidence les valeurs sociales.

Activité 6

Donnez quatre exemples de contes de fées ou de fables dont vous vous souvenez. Si vous ne connaissez pas les titres en français, écrivez-les d'abord en anglais, et ensuite, essayez de les traduire.

1. Le petit chaperon rouge   4. _____

2. Le lièvre et la tortue   5. _____

3. _____   6. _____

Chaque culture a ses propres traditions littéraires, passées d'une génération à l'autre. La littérature d'origine africaine est basée sur une tradition orale très riche. Cette tradition a assuré la continuité des différentes morales culturelles pendant la longue période qui a précédé l'introduction de l'écriture. Les titres suivants ne représentent qu'un échantillon des nombreux contes d'Afrique francophone.

Les contes d'Afrique Centrale

Le singe et le crocodile
L'abeille et le pigeon
La femme qui mangeait le soleil
L'eau et le feu

Les contes du Cameroun

Le singe et le caméléon
Koulou et son ami Avembe
Le lion et le caïman
La perdrix et la tortue

Les contes d'Haïti

Pluie maudite et pluie bénie
Le carnaval à Port-au-Prince
Petit cochon ton tour viendra
Le mariage de Ti Da

Activité 7

Etudiez la liste des titres de contes d'origine africaine. En groupes de deux ou trois personnes, choisissez deux titres qui vous intéressent et essayez de déterminer l'objectif éducatif de chaque conte. Il n'y a pas de réponses précises pour cette activité. Essayez d'imaginer une morale pour chaque histoire.

MODELE:

Titre   Pluie maudite et pluie bénie
Morale   Ce conte traite peut-être de la variation du climat dans la région. Pendant la mousson, il y a trop de pluie, ce qui limite les activités des villageois. Pour cette raison ils font référence à la pluie maudite. Par contre, à la belle saison, quand on cultive plantes et légumes, la pluie est essentielle. Cette pluie qui aide à se nourrir est une pluie bénie.

1. a. Titre _____

   b. Morale _____

   _____

   _____

   _____

   _____

   _____

2. a. Titre _____

    b. Morale _____

    _____

    _____

    _____

    _____

    _____

Activité 8

Vous allez écouter un conte du Gabon intitulé «Le lion, l'aigle et la chauve-souris».
Avant d'écouter le conte, considérez les trois personnages de cette histoire.
Complétez le schéma d'associations suivant. Ensuite, répondez aux questions.

	Le lion	*L'aigle*	*La chauve-souris*
2 adjectifs descriptifs du physique	_____	_____	_____
	_____	_____	_____
2 qualités ou talents	_____	_____	_____
	_____	_____	_____

1. Donnez deux différences entre un lion et un aigle.

    a. _____

    b. _____

2. Donnez deux différences entre un lion et une chauve-souris.

    a. _____

    b. _____

3. Donnez deux différences entre un aigle et une chauve-souris.

    a. _____

    b. _____

4. Donnez une similarité entre un lion et une chauve-souris.

    _____

5. Donnez une similarité entre un aigle et une chauve-souris.

    _____

Ecoutons!

 Activité 9

Ecoutez le conte du Gabon, «Le lion, l'aigle et la chauve-souris». Après avoir écouté le conte, répondez aux questions de compréhension en indiquant pour chaque affirmation si elle est vraie (**V**) ou fausse (**F**).

    Voici quelques mots de vocabulaire et expressions dont vous aurez besoin: **L'histoire... se perd dans la nuit des temps** (c'est une histoire très ancienne); **un mammifère** (*mammal*); **les poils** (*animal hair*)

____ 1. Au début de l'histoire les animaux sont séparés.

____ 2. Le lion devient le roi des mammifères parce qu'il est le plus riche.

____ 3. La chauve-souris accepte de payer ses impôts au messager de l'aigle.

____ 4. La chauve-souris est un oiseau.

____ 5. La chauve-souris est un mammifère.

Activité 10

Les morales sont souvent présentées sous forme de proverbes. Identifiez la morale des proverbes suivants.

1. L'habit ne fait pas le moine.

   _____

2. Qui se ressemble s'assemble.

   _____

3. C'est en forgeant qu'on devient forgeron.

   _____

4. Mieux vaut tard que jamais.

   _____

5. Qui ne risque rien n'a rien.

   _____

6. Rien ne vaut son chez soi.

   _____

7. Le monde appartient à ceux qui se lèvent tôt.

   _____

8. Il faut d'abord balayer devant sa porte.

   _____

CHEZ VOUS 2

Sélectionnez un des proverbes ci-dessus. Ensuite, utilisez deux ou trois animaux ou éléments de la nature et créez un conte original qui illustrera la morale du proverbe choisi.

Avant de parler

Nous avons tous nos préférences quand il s'agit de rédiger un travail écrit. Certaines personnes ont été libérées par l'arrivée des ordinateurs. Elles écrivent facilement maintenant que la machine peut vérifier l'orthographe, corriger les fautes instantanément, modifier la position des paragraphes et imprimer des copies multiples sans difficulté. Mais certains se méfient des ordinateurs, les considérant une intrusion technologique qui n'a pas été invitée. Ces personnes préfèrent écrire sans être contraintes à dépendre de la présence d'électricité ou à être immobilisées entre les quatre murs d'un bureau.

Activité 11

Lisez les questions suivantes au sujet des ordinateurs et ajoutez trois questions supplémentaires pour former la base d'une enquête à ce sujet.

1. Si vous avez un ordinateur, est-ce un IBM (ou analogue) ou bien un Mac?

2. Si l'argent n'était pas une considération, quel ordinateur achèteriez-vous?

3. Vous vous servez des ordinateurs pour travailler ou pour vous amuser?

4. Comment peut-on être créateur (créatrice) en écrivant à l'aide d'un ordinateur?

5. S'il était nécessaire de renoncer à votre télévision ou à votre ordinateur, lequel choisiriez-vous?

6. _____

7. _____

8. _____

Activité 12

Dans une période de temps fixée par votre professeur, interrogez autant de vos camarades de classe que possible. Posez-leur les questions de l'Activité 11 et notez les réponses. Soyez prêt(e) à présenter les résultats les plus intéressants à la classe.

L'informatique et les ordinateurs envahissent notre vie. Soit nous les aimons, soit nous les détestons, mais ils ne nous laissent jamais indifférents. Où vous placez-vous sur cette échelle qui va de la passion à l'horreur? Ce jeu-test vous révélera votre tendance profonde.

Informatique

Jeu-Test
Etes-Vous "Informatico-Maniaque"?

par Gabriel Otman

> *L'informatique et les ordinateurs envahissent notre vie. Nous les aimons ou les détestons mais ils ne nous laissent jamais indifférents.*
>
> *Où nous plaçons-nous sur cette échelle qui va de la **passion** à l'**horreur**? Ce jeu-test vous révélera votre tendance profonde.*

Règles du jeu-test

JEU-TEST
Etes-Vous "INFORMATICO-MANIAQUE"?

1. Ce jeu comporte *vingt* questions. Vous devez répondre à toutes les questions sans exception.

2. Pour chaque question, *quatre* réponses vous sont proposées. Choisissez *la* réponse qui vous plaît le plus et qui correspond le mieux à votre opinion.

3. Si plusieurs réponses vous conviennent, choisissez celle qui vous satisfait le plus. Si aucune ne vous plaît, choisissez celle qui vous mécontente le moins.

En résumé, vous devez donner *une réponse et une seule* par question.

Note: ce test ne se veut pas scientifique. C'est un jeu destiné à vous distraire.

Questions

1. Les ordinateurs sont de plus en plus:
   - (a) indispensables
   - (b) intelligents
   - (c) effrayants
   - (d) envahissants

2. L'emplacement idéal pour un ordinateur dans un appartement c'est:
   - (a) dans le salon
   - (b) sur le bureau du père
   - (c) dans un coin
   - (d) dans la chambre des enfants

3. Si vous deviez donner un surnom à un ordinateur, vous l'appelleriez:
   - (a) le Terrible
   - (b) le Géant
   - (c) le Savant
   - (d) le Malin

4. Quelle tâche ne confieriez-vous jamais à votre ordinateur?
   - (a) prédire votre avenir
   - (b) rédiger vos lettres d'amour
   - (c) gérer votre argent
   - (d) s'occuper de l'éducation de vos enfants

le fanatique tendance Euphorique

l'admirateur tendance pragmatique

5. Laquelle de ces personnes ne devrait jamais se servir d'un ordinateur pour prendre une décision?

    (a) le chef de l'état
    (b) votre professeur de français
    (c) vos parents
    (d) votre médecin de famille

6. A votre avis, les ordinateurs ne sauront jamais:

    (a) découvrir de nouvelles étoiles
    (b) écrire une pièce de Molière
    (c) exprimer des sentiments
    (d) faire de l'humour

7. Pour vous, les jeux d'ordinateurs sont moins amusants que:

    (a) les jeux télévisés
    (b) les jeux de mots
    (c) les jeux de cartes
    (d) les jeux de société

8. Si votre ordinateur devenait un plat, ce serait:

    (a) un bifteck-frites
    (b) une crème glacée
    (c) une purée de pommes de terre
    (d) des spaghettis

9. Le XVIIIème siècle a été appelé le "Siècle des Lumières". Quel nom donneriez-vous au XXème siècle?

    (a) le siècle de l'espace
    (b) le siècle de l'informatique
    (c) le siècle des loisirs
    (d) le siècle de la communication

10. Lequel de ces grands hommes aurait le plus mérité de posséder un ordinateur?

    (a) Léonard de Vinci
    (b) Shakespeare
    (c) Einstein
    (d) Mozart

11. Auquel de ces personnages de Walt Disney l'ordinateur ressemble-t-il le plus?

    (a) Merlin l'Enchanteur
    (b) Peter Pan
    (c) Oncle Picsou
    (d) Winnie l'Ourson

12. On a mis au point un logiciel (= programme d'ordinateur) qui sait corriger toutes les fautes de français. Quel nom lui donneriez-vous?

    (a) l'As-du-Dico
    (b) le Dieu-des-Mots
    (c) Par-Coeur
    (d) Ortho-Génie

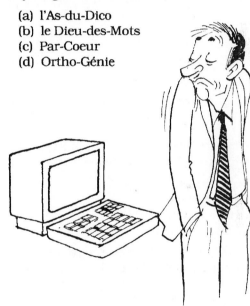

le novice tendance critique

13. Les Martiens débarquent sur la terre. Ils veulent prendre votre ordinateur. Pour les décourager, vous leur dites que cet appareil sert à:

    (a) projeter vos photos de vacances
    (b) enregistrer les résultats du championnat de football
    (c) noter vos recettes de cuisine
    (d) vous réveiller tous les matins.

l'indifférent tendance sceptique

14. Vous êtes contraint de vendre votre ordinateur. Vous le faites uniquement pour:

    (a) vous acheter à manger
    (b) payer vos dettes
    (c) partir en vacances
    (d) acheter une moto

15. En l'an 2588, les ordinateurs seront les maîtres du monde. Mais ils seront à leur tour détruits par:

    (a) les fourmis
    (b) la rouille
    (c) des extra-terrestres
    (d) Dieu

16. Pour vous, être intelligent c'est pouvoir:

    (a) calculer aussi vite qu'une machine
    (b) se souvenir d'un texte entendu une seule fois.
    (c) gagner beaucoup d'argent en travaillant peu
    (d) créer des oeuvres d'art.

17. Le pire ennemi de l'ordinateur c'est:

    (a) l'intelligence
    (b) la poussière
    (c) la parole
    (d) la chaleur

18. Si votre ordinateur devenait un personnage célèbre, ce serait:

    (a) Pablo Picasso
    (b) Charles De Gaulle
    (c) Thomas Edison
    (d) John Lennon

19. Votre ordinateur peut vous fournir une information extraordinaire. Vous voulez connaître:

    (a) les résultats du loto
    (b) le nom du prochain président
    (c) le vaccin du SIDA
    (d) un secret de longévité

20. Pour saboter un ordinateur, il suffit de:

    (a) percer son code d'accès
    (b) lui fournir un programme idiot
    (c) le débrancher
    (d) le mettre au soleil

Passez à la page suivante pour calculer votre tendance "informatico-maniaque".

☒☒☒ *Activité 14* ☒☒☒☒☒☒☒☒☒☒☒☒☒☒☒☒☒

En groupes de trois ou quatre personnes, comparez vos réponses et calculez les résultats.

Résultats

Calculez le nombre de 0 et de * correspondant à vos réponses.

1. (a) 000 (b) * (c) 0 (d) ***	6. (a) * (b) 0 (c) *** (d) 000	11. (a) 000 (b) 00 (c) ** (d) ***	16. (a) 00 (b) 000 (c) *** (d) **
2. (a) 00 (b) 0 (c) ** (d) *	7. (a) 00 (b) 0 (c) ** (d) *	12. (a) 0 (b) ** (c) 00 (d) *	17. (a) ** (b) 00 (c) * (d) 0
3. (a) *** (b) 00 (c) ** (d) 000	8. (a) * (b) 000 (c) *** (d) 0	13. (a) ** (b) 00 (c) ** (d) 00	18. (a) ** (b) 00 (c) 000 (c) ***
4. (a) 0 (b) * (c) * (d) 0	9. (a) * (b) 000 (c) *** (d) 0	14. (a) 0 (b) 00 (c) ** (d) *	19. (a) 0 (b) * (c) 0 (d) *
5. (a) ** (b) 0 (c) * (d) 00	10. (a) 0 (b) * (c) 00 (d) **	15. (a) * (b) 0 (c) 0 (d) *	20. (a) 00 (b) * (c) 0 (d) **

Prenez le nombre le plus élevé et retranchez-en le nombre le moins élevé. Vous obtenez un nombre postif de O ou de *. Reportez-vous au tableau suivant:

Vous obtenez plus de DIX O.

Vous êtes FANATIQUE tendance EUPHORIQUE

• L'informatique vous passionne; elle vous fascine même. Vos doigts vous démangent à la simple vue d'un clavier. Le binaire est votre version moderne de la "pierre philosophale". Mais savez-vous que nous continuons à vivre au rythme des saisons?

Relisez "Le Petit Prince" d'Antoine de Saint-Exupéry et dites-moi quelle est la couleur du blé?

Vous obtenez entre Zéro et DIX O.

Vous êtes ADMIRATEUR tendance PRAGMATIQUE

• Vous avez une considération énorme pour les avancées technologiques. Vous cherchez à tirer une efficacité maximale de ces appareils qui vous entourent. Mais savez-vous que l'on peut aussi passer son temps libre à se distraire?

Procurez-vous "Paroles" de Jacques Prévert, achetez une boîte de couleurs "pour faire le portrait d'un oiseau" à la manière de Prévert.

Vous obtenez entre ZERO et DIX *

Vous êtes NOVICE tendance CRITIQUE

• Vous regardez les ordinateurs d'un air désabusé et distant. Vous les prenez pour des objets inertes et stupides. Mais ne vous complaisez pas dans l'ignorance de la "chose technique". Elle vous rattrapera au tournant du XXIème siècle. Quand vous passerez à Paris, visitez, en priorité, la Cité des Sciences et de l'Industrie à la Villette et le Palais de la Découverte.

Vous obtenez plus de DIX *

Vous êtes INDIFFERENT tendance SCEPTIQUE

• Vous ne croyez pas que l'humanité progressera grâce à la science. Vous aimeriez pouvoir vous passer de l'électricité. Vous vous sentez proche de la nature et de la terre. Gardez votre caractère poète, bohème et rêveur mais aller voir, par curiosité intellectuelle, le film de Stanley Kubrick "2001 Odyssée de l'Espace" et celui de Jean-Jacques Annaud "La Guerre du Feu".

CHEZ VOUS 3

Dans les années qui viennent, l'ordinateur va beaucoup changer la vie scolaire. Les transformations ont déjà commencé. Quand vous pensez au rôle des ordinateurs dans l'an 2010, qu'est-ce que vous envisagez? Notez quatre exemples des changements dans la vie universitaire.

A LA TACHE

Avant d'écrire

 Activité 15

En début de chapitre, une formule vous a montré comment créer un poème en spécifiant les parties du discours à utiliser, leur nombre et leur ordre précis. Voici une autre formule qui dépend d'une répétition de forme pour inventer une poésie surréelle. Lisez à haute voix le poème suivant.

Si...

Si la sardine avait des ailes,
Si Gaston s'appelait Gisèle,
Si l'on pleurait lorsque l'on rit,
Si le pape habitait Paris,
Si l'on mourait avant de naître,
Si la porte était la fenêtre,
Si l'agneau dévorait le loup,
Si les Normands parlaient zoulou,
Si la Mer Noire était la Manche,
Et la Mer Rouge la Mer Blanche,
Si le monde était à l'envers,
Je marcherais les pieds en l'air,
Le jour je garderais la chambre,
J'irais à la plage en décembre,
Deux et un ne feraient plus trois...
Quel ennui ce monde à l'endroit!

Jean-Luc Moreau, *L'arbre perché*, Editions Ouvrières

Ecrivons!

Cette série d'Activités 16 à 19 est proposée par Marc Argaud. [Pages d'écritures, vol. II, no. 18, 1988]

Activité 16

Commençons avec le monde tel qu'il est—le monde à l'endroit. Complétez six phrases sur la vie quotidienne. Respectez le simple schéma suivant:

Sujet + verbe + complément

1. Le chat se cache sous <u>la table</u>   .

2. Le vent éteint <u>le feu</u>   .

3. Les fleurs dansent sous _____ .

4. Les enfants parlent aux _____ .

5. Les chiens chassent les _____ .

6. Les professeurs enseignent _____ .

Activité 17

Mettez «le monde» que vous avez créé dans l'activité précédente «à l'envers», en renversant l'ordre des mots dans les phrases formulées. Faites du complément le sujet de la phrase.

1. <u>La table se cache sous le chat.</u>

2. <u>Le feu éteint le vent.</u>

3. _____

4. _____

5. _____

6. _____

Ensuite, puisque nous supposons un monde imaginaire, changez le temps des verbes pour les mettre à l'imparfait. Commencez chaque phrase avec **si**.

1. Si la table se cachait sous le chat.

2. Si le feu éteignait le vent.

3. _____

4. _____

5. _____

6. _____

 ## ✺ *Activité 18* ✺

Donnez trois réponses à la question: Si le monde était à l'envers, que feriez-vous?

MODELES: J'irais à l'école la nuit.
Je mettrais des chapeaux sur les pieds.

1. _____

2. _____

3. _____

✺ *Activité 19* ✺

Enfin, réunissez tous les éléments des Activités 16 à 18, suivant le modèle de Jean-Luc Moreau.

Si _____

Si _____

Si _____

Si _____

Si _____

Si _____

Si le monde était à l'envers,

Je _____

Je _____

Je _____

Quel ennui ce monde à l'endroit!

CHEZ VOUS 4

Suivant le modèle de Jean-Luc Moreau, écrivez un poème sur le thème du monde à l'envers. Créez toutes les phrases vous-même.

Si _____

Si _____

Si _____

Si _____

Si _____

Si _____

Si le monde était à l'envers,

Je _____

Je _____

Je _____

Quel ennui ce monde à l'endroit!